Sulzbach-Rosenberg – Kleine Stadtgeschichte

W0071880

Patrizia Zimmermann

Sulzbach-Rosenberg

Kleine Stadtgeschichte

VERLAG FRIEDRICH PUSTET
REGENSBURG

**BIBLIOGRAFISCHE INFORMATION DER
DEUTSCHEN NATIONALBIBLIOTHEK**
Die Deutsche Nationalbibliothek verzeichnet diese Publikation
in der Deutschen Nationalbibliografie; detaillierte bibliografische Daten
sind im Internet über http://dnb.dnb.de abrufbar.

© 2023 Verlag Friedrich Pustet, Regensburg
Gutenbergstraße 8 | 93051 Regensburg
Tel. 0941/920220 | verlag@pustet.de

ISBN 978-3-7917-3384-5
Reihen-/Umschlaggestaltung und Layout: www.martinveicht.de
Satz: Vollnhals Fotosatz, Neustadt a. d. Donau
Druck und Bindung: Friedrich Pustet, Regensburg
Printed in Germany 2023

eISBN 978-3-7917-6234-0 (epub)

Unser gesamtes Programm finden Sie unter
www.verlag-pustet.de

Inhalt

Vorwort

Als Sulzbach-Rosenberg im Zuge der Gebietsreform im Jahr 1972 seine Stellung als Landkreissitz verlor, empfand man dies als große Niederlage für die ehemalige glanzvolle Residenzstadt. Auch der stetige Niedergang der Maxhütte, des ehemals größten Arbeitgebers vor Ort, seit den 1970er-Jahren war ein erheblicher Verlust. Man könnte den Eindruck gewinnen, als hätten diese Entwicklungen der jüngsten Vergangenheit so am Selbstbewusstsein genagt, dass die Stadtbewohnerinnen und -bewohner es nicht mehr wagen, stolz auf die spannende und große Geschichte zu sein, die in den Straßen, Plätzen und Gebäuden schlummert.

Deshalb möchte dieses Buch mit großen und kleinen Episoden zu einer entdeckungsreichen Reise durch die Vergangenheit Sulzbach-Rosenbergs einladen: Bereits im frühen Mittelalter ein bedeutender Burgort, wurde es im Hochmittelalter Zentrum des adeligen Netzwerks der Grafen von Sulzbach und im Spätmittelalter Hauptstadt »Neuböhmens«. Später avancierte es zur barocken Residenzstadt und war lange vor dem Zeitalter der Aufklärung ein Hort der Toleranz und Gelehrsamkeit. Als bedeutsamer Ort des Buchdrucks war es ebenso bekannt. Zusammen mit dem kleineren Rosenberg – das ebenfalls auf eine reiche, wenn auch nicht ganz so illustre Vergangenheit zurückblicken kann – wurde es ab der zweiten Hälfte des 19. Jhs. zum Mittelpunkt der Oberpfälzer Bergbau- und Stahlindustrie, bevor die beiden Orte 1934 zu einer Stadt zusammengefügt wurden.

Den Werdegang von zwei ursprünglich eigenständigen Orten zu beleuchten und zu einer Geschichte zu vereinen, ist sicherlich die Besonderheit im Vergleich zu anderen Stadtgeschichten. Der unterschiedliche Charakter der »Bürgerstadt« Sulzbach und des »Arbeiterdorfs« Rosenberg wird bereits in den Überschriften der (meisten) Kapitel aufgegriffen.

Panoramablick über Rosenberg.

Sulzbach-Rosenbergs Geschichte ist geprägt von zahlreichen, immer wieder wechselnden Regentschaften. Im Rahmen dieser *Kleinen Stadtgeschichte* können jedoch nur die wesentlichsten Entwicklungslinien aufgezeigt werden. Zur besseren Übersicht, auch der Verwandtschaftsverhältnisse, dient die Genealogie der Häuser Pfalz-Neuburg und Pfalz-Sulzbach im Anhang. Auf Lebens- und Regierungsdaten wurde im Text weitgehend verzichtet; sie können in Personenregister und Genealogie nachgeschlagen werden.

Die Autorin, aufgewachsen in unmittelbarer Nähe von Hammerphilippsburg und Maxhütte, zur Schule gegangen im Schatten von Rosenburg und Sulzbacher Schloss, wünscht sich, dass sie viele Leserinnen und Leser mit ihrer Begeisterung für die Geschichte der Stadt im Besonderen und für Geschichte im Allgemeinen anstecken kann.

Einleitung: Bayern und der Nordgau

Die Anfänge Sulzbachs sind mangels ausreichender schriftlicher Quellen schwierig zu fassen. Manches muss daher im Dunkeln bleiben, doch geht die frühe Geschichte vermutlich mit der des Herzogtums Bayern und des Nordgaus einher.

Um 470 n. Chr. zogen die letzten römischen Soldaten aus ihrem Lager Castra Regina an der Donau, dem heutigen Regensburg, ab. Jahrzehnte später, um 550, übernahmen die »Männer aus Böhmen« (viri Baia; die Bajuwaren) das in seiner Infrastruktur noch intakte Lager. Wahrscheinlich mischten sich dabei Angehörige verschiedener Volksgruppen: Franken, Alamannen, Böhmen oder auch Langobarden, wie archäologische Funde in diesem Raum zutage brachten. Mit Sicherheit kamen die neuen Bewohner auch mit der noch vorhandenen romanischen Kultur in Kontakt, denn nicht alle Römer hatten die Gegend verlassen. Inwieweit slawische Einflüsse bei der Stammesbildung eine Rolle spielten, ist nicht gesichert, wenngleich einzelne zeitgenössische Quellen von bajuwarisch-slawischen Zusammenstößen berichten.

Ebenfalls um die Mitte des 6. Jhs. wird erstmals ein Stammesherzog der Bajuwaren genannt. Die Herkunft des Agilofingers Garibald ist nicht ganz geklärt, vermutet wird eine Nähe zu den Merowingern. Das ehemalige Castra Regina wurde zu Residenzstadt und Herrschaftszentrum, um das sich sogenannte Gaue als Verwaltungseinheiten gruppierten. Der Gaugraf eines solchen Amtsbezirks, wie der Nordgau nördlich der Donau, war als Statthalter mit umfangreichen Verwaltungs- und Gerichtsbefugnissen ausgestattet

Vom Begriff Nordgau ausgehend, könnte man vermuten, dass es auch einen Süd-, West- und Ostgau gab, dafür gibt es jedoch keine Belege. Vielmehr könnte es sein, dass »Nordgau« sich ableitet von »Norka«. Mit diesem Begriff bezieht sich Johannes Aventinus (eigentlich: Johann Georg Turmair) in seiner im 16. Jh. verfassten *Baierischen Chronik* auf Berichte antiker Autoren über den Volksstamm der »Narisken« im Gebiet der heutigen Oberpfalz. Erstmals urkundlich belegt ist der Begriff Nordgau in der *Divisio Regnorum* von 806, einer geplanten, aber nicht verwirklichten Neuordnung des Frankenreichs unter den Nachfolgern Kaiser Karls des Großen. Einigermaßen gesichert dagegen scheinen die geografischen Grenzen des Nordgaus: Im Süden bildete die Donau die Grenze zum Donaugau. Die Marken Nabburg und Cham grenzten im Osten an den Böhmerwald. Im Raum Nürnberg verlief im Nordwesten die Grenze zum fränkischen Radenzgau. Im Südwesten reichte das Gebiet bis zum schwäbischen Sualafeldgau.

Gesichert ist auch die ursprünglich bajuwarische Besiedlung des Urnordgaus innerhalb des bayerischen Herzogtums der Agilolfinger. Niederlagen gegen die fränkischen Hausmeier, die späteren Karolinger, führten im 8. Jh. zur Abtretung des Urnordgaus an die neuen Machthaber. Als fränkischer Reichsgau erfolgte die Verwaltung durch einen königlichen Statthalter von Regensburg aus.

Die Herrscher des frühen Mittelalters kannten keine festen Residenzen. Vielmehr legten sie überall im Land ein Netz von Pfalzen und Königshöfen an. Von hier aus übernahmen Stellvertreter bei Abwesenheit des Königs die Verwaltung und hier logierte der König bei seinen regelmäßigen Besuchen. Auf dem Nordgau bildete der Königshof Lauterhofen, unweit von Sulzbach, seit dem 7. Jh. ein Herrschaftszentrum der Agilolfinger. Als dieser Raum nach dem Ende des agilolfingischen Stammesherzogtums unter fränkischen Einfluss gelangte, entstand hier ein karolingisches Machtzentrum. Wahrscheinlich, wiederum spätestens unter den Agilolfingern, gab es in der Umgebung weitere frühe herrschaftliche Befestigungen, unter anderem als Grenzposten. Aufgrund neuerer archäologischer Grabungen wird dies auch für die Burg Sulzbach angenommen.

Frühes Mittelalter: Wasserquellen und Adelsgräber

Anfänge der Burg

Für den Sulzbacher Raum gibt es einige Funde, die eine frühe Besiedlung in der Bronzezeit, genauer in der Hallstatt- und Latène-Zeit zwischen 750 und 400 v. Chr., erkennen lassen. Für die nachfolgenden Perioden bis ungefähr 900 n. Chr. belegen archäologische Grabungen eine insgesamt eher dünne Besiedlung. Die untersuchten Gräberfelder, Ortschaften und Burgen weisen fränkische und bajuwarische, aber auch slawische Merkmale auf. Geprägt war die Landschaft aber hauptsächlich vom »großen Nordwald«. Größere Rodungsaktivitäten sind erst nach 1000 belegt.

Lange Zeit nahmen die Forscher an, dass die Anfänge Sulzbachs ungefähr in der Mitte des 11. Jhs. anzusetzen sind. Man konnte sich jedoch nicht auf aussagekräftige Quellen stützen. Das vermutete Gründungsjahr um 1024 war eher willkürlich gewählt. Im Burgareal wurde angeblich einmal ein Holzbalken mit dieser Jahreszahl gefunden. Eine erste sicher belegte Nennung des Ortsnamens in Urkunden taucht erst zu Beginn des 12. Jhs. auf: Während in früheren Urkunden lediglich ein »comes Gebhardus« oder »comes Berengerus« ohne Ortsbezeichnung genannt wurde, kann man ab jetzt den Zusatz »de Sulcpah« (von Sulzbach) finden.

Umfangreiche archäologische Grabungen in den Jahren 1992 bis 2001 auf dem Gelände der ehemaligen Burg markieren einen Wendepunkt in der lokalen Geschichtsdarstellung. Erstaunliche Befunde von überregionaler Relevanz brachten Licht ins frühmittelalterliche Dunkel und machten Sulzbach quasi über Nacht um mindestens 200 Jahre älter.

EIN WASSERREICHER ORT

»Gebhard, Graf zu Kastl ritt eines Morgens [...] auf die Eber-
jagd. Da traf er ein gewaltiges Tier mit seinem Pfeil. Das Wild
aber eilte [...] davon. Gebhard verfolgte lange die Spur [...] bis
er sich selbst verirrte [...]. Auch befiel ihn brennender Durst [...].
Da hörte er auf einmal das Rauschen eines Wassers. Es war
eine Quelle [...]. Der Graf trank in vollen Zügen [...] und gründete in dankbarer Gesinnung Sulzbach an derselbigen Stelle«, so
erzählt eine Sage. Die Fürstenquelle im südwestlichen Alt-
stadtbereich markiert noch heute den legendären Ort, an dem
Graf Gebhard seinen Durst gelöscht haben soll.

Eine weitere Gründungssage Sulzbachs berichtet, dass Gebhards Jagd in sumpfigem Gelände stattfand. Das althochdeut-
sche Wort »sulza«, von dem sich der Name der Stadt möglicherweise ableitet, bedeutet neben Sülze und Salzwasser auch
Schlamm, Morast oder versumpfter Bach.

Archäologische Funde deuten auf eine frühe Ansiedlung im Bereich der Bachniederung unterhalb des Burgfelsens hin, und
zwar noch vor der Gründung der Burg. Diese frühe Siedlung
hieß zu dieser Zeit wohl genauso wie der Bach an dieser Stelle,
nämlich Sulzbach.

Heute ist das kleine Gewässer im westlichen Teil der Stadt unter dem Namen Erlbach bekannt. Im weiteren Verlauf nach Osten vereinigt sich der Bach mit dem Wasser der Fürstenquelle
und anderer Quellen aus dem Bachviertel. Erst danach fließt er
unter dem Namen Rosenbach weiter in Richtung Vils.

Sitz des Nordgaugrafen

Die Burg Sulzbach, auf einem Terrassensporn am östlichen
Rand der Fränkischen Alb gelegen, zeichnete sich schon früh
durch eine besonders verkehrsgünstige Lage aus: Die wichtigsten Verbindungswege kreuzten hier zu einem Verkehrsknoten-
punkt, der die Entwicklung der Burg Sulzbach zu einem Herrschaftszentrum spätestens im 9. Jh. begünstigte.

Bereits ab dem frühen 8. Jh. begegneten sich hier Herr-
schaftsbestrebungen sowohl der Agilolfinger-Herzöge als auch

Die Fürstenquelle ist nur eine von zahlreichen Karstquellen im Bachviertel der Stadt.

der merowingischen und karolingischen Könige. Bodenschätze, vor allem in Form von hochwertigem Eisenerz, bildeten die Grundlage für wirtschaftliches Interesse an diesem Raum. Und auch böhmische Machtbestrebungen dürften eine Rolle gespielt haben. Jedenfalls gehen die Archäologen davon aus, dass hier der Amtssitz des sogenannten Nordgaugrafen lag. Namentliche Hinweise, wer sich in dieser frühen Zeit dahinter verborgen haben könnte, gibt es aufgrund der spärlichen Quellenlage nicht. Vielleicht handelte es sich hierbei um den 865 verstorbenen Grafen Ernst auf dem Nordgau. Von ihm ist bekannt, dass er ein Vertrauter Kaiser Ludwigs des Deutschen und mit dem Konradiner Gebhard im Lahngau verschwägert war. Eine seiner

ARCHÄOLOGISCHE BEFUNDE

Seit den Arbeiten des Archäologenteams in den 1990er-Jahren gilt das Schlossgelände als eines der am besten »ergrabenen« Areale Bayerns. Diverse Mauerreste und keramisches Fundmaterial lassen sich den verschiedenen Siedlungsperioden der Burg genau zuordnen, deren älteste bis ins 8. Jh. zurück reicht. Erste Holzgebäude und eine aus Stein errichtete Burgkapelle bildeten den Anfang. Weitere Überreste aus dem 9. und 10. Jh., darunter ein repräsentativer Saalbau sowie Gebäude mit Unterbodenheizungen, lassen zusammen mit Funden von Fensterglas-Bruchstücken auf Bewohner mit gehobenen Ansprüchen schließen. Die bemalten Fragmente gehören zu den ganz wenigen Belegen vorromanischer Glasmalerei in Mitteleuropa. Fundstücke wie der Messingring eines Kettenhemds zeugen von Metallverarbeitung auf der Burg bereits zu dieser frühen Zeit. Aus dem gleichen Zeitraum stammt auch die älteste feststellbare Umwehrung.

Zusammen mit der Gesamtanlage der Gebäude sprechen all diese Funde für Burgherren aus dem karolingischen oder ottonischen Reichsadel, die als königsnah angesehen werden können.

1999 ergab sich der wohl spektakulärste Fund: An der Außenwand der Burgkapelle wurden mehrere Adelsgräber entdeckt, darunter jene eines etwa 61 Jahre alten Mannes und einer etwa 73-jährigen Frau, beide über die weibliche Linie miteinander verwandt. Die Art der Anlage der Gräber und ihre Überbauung mit einer Memorialkapelle im 11. Jh. scheinen Hinweise auf hohe Adelige mit gewichtiger Stellung zu sein. Der Mann könnte jener mächtige Nordgaugraf Ernst gewesen sein, die Frau eventuell die Gemahlin Heinrichs von Schweinfurt, die Konradinerin Gerberga.

Weitere Grabungen im Zuge einer Oberflächensanierung im Neustadtviertel 2008/09 brachten die Überreste der ältesten Stadtbefestigung zutage: eine ungewöhnlich starke Mauer, ebenfalls aus dem 9./10. Jh. Damit bestätigten sich die Erkenntnisse der früheren Grabungen. Vermutlich befand sich auf der Burg Sulzbach bereits zur Zeit Kaiser Karls des Großen ein karolingisches Verwaltungszentrum, eventuell mit Verbindung zum bereits erwähnten Königshof Lauterhofen.

Töchter war verheiratet mit Karlmann, dem Sohn des Kaisers. Graf Ernst wurde 861 wegen Beteiligung an einer Verschwörung gegen den Kaiser abgesetzt. Nach einem Prozess wurden ihm seine Lehen entzogen. Bis zu seinem Tod lebte er zurückgezogen auf seinen Gütern, vermutlich in Sulzbach.

Sicher ist, dass der Nordgaugraf als ein vom König eingesetzter Verwalter eine herausragende Stellung unter den Adeligen im bayerisch-böhmischen Grenzraum einnahm.

Mittlerweile hatte sich unter den Luitpoldingern erneut ein bayerisches Herzogtum etablieren können. 938/39 verlieh Kaiser Otto I. den Nordgau für besondere Treue an Graf Berthold von Schweinfurt. Ziel war es, ein politisches Gegengewicht herzustellen zum Bayernherzog, dessen Machtbereich jetzt auf die Gebiete südlich der Donau begrenzt worden war. Etwas später ging das Herzogtum auf den Bruder des Kaisers über.

Die genaue Herkunft Bertholds von Schweinfurt ist umstritten. Es bestand wohl eine Verwandtschaft zu den Luitpoldingern und/oder den Babenbergern. Es wird angenommen, dass die Sulzbacher Burg nun zum Hauptsitz dieser königsna-

Freigelegte Adelsgräber des 9. bis frühen 11. Jhs. im oberen Schlosshof: links das Skelett eines Mannes, rechts das Grab einer Frau. Daneben fanden sich hier fünf Kindergräber (am oberen Bildrand).

Belege von buntem Fensterglas des 9. bis 12. Jhs.: Bei den Grabungen im Schlossareal entdeckte Fragmente, darunter ein sehr seltener Nachweis von beschriebenem Fensterglas aus dem späten 9./10. Jh.

hen Grafenfamilie wurde. Der Nordgau machte dabei aber nur einen Teil ihres umfangreichen Machtkomplexes zwischen Donau und Frankenwald aus. Die Verwaltung der Burgen Cham und Nabburg gehörte dazu, ebenso wie ererbter oder erheirateter Familienbesitz. Regionen mit größerem Eisenerzvorkommen schienen dabei ein Schwerpunkt gewesen zu sein, wie die Burg Ammerthal zeigt.

Als Kaiser Otto III. 1002 starb, änderte sich die politische Situation in Bayern und auf dem Nordgau grundlegend. Denn mit der Wahl Heinrichs IV. wurde jetzt ein Bayernherzog zugleich deutscher König. Für die Schweinfurter Grafen und die Burg Sulzbach hatte dies unmittelbare Folgen.

Hohes Mittelalter: Lilien und Rosen

Schweinfurter Fehde

Im *Chronicon*, seiner zwischen 1012 und 1018 verfassten Geschichte Sachsens und der Ottonen, berichtet der Merseburger Bischof Thietmar unter anderem auch über die kriegerische Auseinandersetzung zwischen dem neuen König Heinrich II. und dem Schweinfurter Grafen Heinrich im August 1003. In diesem Bericht findet sich der wahrscheinlich erste schriftliche Hinweis auf Sulzbach, wenn auch nur indirekt: König Heinrich II. und seine Verbündeten seien im Gebiet des Grafen eingefallen, hätten es verwüstet und den Grafen gezwungen, sich »außerhalb seiner Burgstadt, wo er konnte«, zu verstecken. Man geht davon aus, dass mit dieser nicht namentlich genannten »Burgstadt« Sulzbach gemeint ist. Es kann gut sein, dass der Chronist den Namen des Amtssitzes des Nordgaugrafen als bekannt voraussetzte, weshalb die genaue Nennung unterblieb.

Der Anlass für diese »Schweinfurter Fehde« war ein nicht gehaltenes Versprechen: Für seine Unterstützung der Wahl Herzog Heinrichs IV. zum deutschen König sollte der Schweinfurter Graf Heinrich, Sohn Bertholds, dafür das bayerische Herzogsamt übernehmen. Diese Zusage wurde nicht eingehalten. Graf Heinrich und seine Verbündeten auf dem Nordgau erhoben sich daraufhin gegen den neuen König.

Nach der Niederlage der Aufständischen kam es zur abermaligen Neuordnung im Gebiet nördlich der Donau. Heinrich II. entzog dem Schweinfurter alle Grafschaften, Reichslehen und Reichsämter. Die eingezogenen Güter wurden in mehrere, kleinere Komplexe aufgeteilt und an königstreue Adelige vergeben. Die Forschung ist sich nicht einig, ob dies auch die Burg Sulzbach betraf. Eventuell wurde sie als Allodialgut (Eigengut) der Schweinfurter nicht durch den König eingezogen. Die bereits erwähnten archäologischen Grabungen lassen vermuten, dass es genau zu dieser Zeit – zu Beginn des

11. Jhs. – zu größeren Um- und Ausbauten auf der Sulzbacher Burg kam. Man nimmt nun an, dass diese im Zusammenhang mit der Übernahme durch die Grafen von Sulzbach zu diesem Zeitpunkt stehen. Nicht zweifelsfrei geklärt ist, ob die neuen Burgherren durch Belehnung Nachfolger der Schweinfurter wurden. Denn aufgrund einer vermuteten Verwandtschaft der beiden Grafenfamilien, wird auch der Erbweg für möglich gehalten.

Die Schweinfurter Grafen, die später zumindest teilweise wieder rehabilitiert wurden, starben Mitte des 11. Jhs. aus. Die Grafen von Sulzbach hingegen wurden zu den großen »Aufsteigern« unter den Dynastien. Zusammen mit den Grafen von Hirschberg wurden sie im westlichen Nordgau zu den einflussreichsten Herrschaftsträgern. Als Markgrafen von Nabburg und Cham nahmen die aus dem Augsburger Raum stammenden Diepoldinger im östlichen Teil eine ähnliche Position ein.

Bayerischer Herzog blieb Heinrich II., der das herzogliche und königliche Amt ab jetzt in Personalunion ausübte. Einen Großteil seiner Königsgüter übertrug er den Hochstiften Freising und Bamberg. Mit der damit verbundenen Gründung des Bistums Bamberg 1007 wollte der Kaiser ein machtpolitisches Gegengewicht zum Nordgau schaffen.

Die Grafen von Sulzbach

Wahrscheinlich schon von Weitem machte der Anblick der imposanten Sulzbacher Burganlage mit den beiden wuchtigen Achteckürmen großen Eindruck auf die Reisenden der damaligen Zeit. Die mehrfach erwähnten Grabungen lassen erkennen, dass dieses Erscheinungsbild vor allem auf die Ausbaumaßnahmen während der Herrschaft der Grafen von Sulzbach zurückgeht.

Die Anfänge dieser Familie, ihre Herkunft und ihre genauen verwandtschaftlichen Beziehungen sind mangels schriftlicher Quellen nur sehr lückenhaft dokumentiert. Tatsächlich wird ihre Geschichte erst ab der Übernahme der Sulzbacher Burg richtig greifbar. So ist 1043 erstmals ein »comes

Gebhardus« sicher belegbar. Doch erst ab der Zeit Berengars I. im 12. Jh. bewegt man sich endgültig auf quellenmäßig gesichertem Terrain.

Alle Vorfahren – wie auch Nachfolger – Berengars werden in den spärlich vorhandenen Quellen als Grafen (»comes«) bezeichnet. Dabei ist die Grafschaft der Sulzbacher weniger durch großen Besitz und zusammenhängenden Güterkomplex begründet als durch die Vogtei über die Bamberger Hochstiftslehen. Als weltliche Verwalter des Hochstiftsbesitzes standen ihnen grafengleiche Rechte zu. Hahnbach, die Vogtei Vilseck, das Schloss Hohenstein, die Vogtei Hersbruck, Auerbach, Pegnitz, Velden und Plech gehörten beispielsweise dazu. Amberg war wohl Teil der Lehensgüter des Bamberger Hochstifts, doch ob es zum Machtbereich der Sulzbacher Grafen gehörte, ist nicht sicher belegbar. Es gibt vereinzelte Hinweise auf Amberger Dienstmannen (Ministeriale) in ihrem Gefolge. Möglich wäre hier aber auch eine rechtliche Sonderstellung in Form eines eigenen bischöflichen Stadtvogts.

Einen weiteren Herrschaftsschwerpunkt bildeten umfangreiche Eigengüter (Allodien), die von Ammerthal, Creußen und Thurndorf im Westen bis Parkstein, Floß und Tirschenreuth im Norden und Osten reichten. Auf welchem Weg diese ehemaligen Eigengüter der Schweinfurter nun an die Sulzbacher Grafen gelangt waren, kann ebenfalls nicht mehr eindeutig nachvollzogen werden. Neueste Forschungen schließen auch hier den Erbweg über eine Verwandtschaft nicht aus. Durch geschickte Heiratspolitik erwarb man zudem noch reichen Güterbesitz im Passauer und Bad Aiblinger Raum sowie im Salzburger Land. Vor allem die Heirat Berengars I. mit Adelheid von Frontenhausen – zu diesem Zeitpunkt bereits zweifache Witwe – erwies sich dabei als sehr einträglich: Offensichtlich gingen über diese Ehe die Lehensgüter von Adelheids verstorbenen zweiten Ehemann Graf Ulrich von Passau an die Sulzbacher Grafen über.

Als Mittelpunkt einer »adeligen Sippe« auf dem Nordgau scheinen die Grafen von Sulzbach weitreichende verwandtschaftliche Beziehungen gehabt zu haben, u. a. zu den Herren von Kastl-Habsberg. Berengar I. von Sulzbach, Graf Friedrich

Stifter-Figuren in der Klosterkirche Kastl mit ihrem gemeinsamen Lilien-Wappen, rechts Graf Berengar I. von Sulzbach

von Kastl-Habsberg und dessen Sohn Otto gelten zusammen mit Markgräfin Luitgard und deren Sohn Diepold III. von Cham-Vohburg als Stifter des Benediktinerklosters Kastl um 1100. Dieses gemeinsame Hauskloster, süd-westlich von Sulzbach, sollte auf dem Nordgau zum Zentrum der kirchlichen Erneuerungsbewegung im Kontext der Gregorianischen Reform werden, welche sich von den Klöstern Cluny und Hirsau aus verbreitete.

Eine verwandtschaftliche Beziehung der Stifter legt auch die Verwendung der sechs weißen Lilien in ihrem Wappen nahe, wenn auch jeweils mit anderer Farbe unterlegt. Berengars Lilien auf rotem Grund wurden nach dem Aussterben der Grafen von der Stadt übernommen. Es ist bis heute das Wappen Sulzbach-Rosenbergs.

Darüber hinaus bildeten verschiedene Klostervogteien eine weitere gewichtige Machtsäule der Sulzbacher Grafen. Die Vogtei über ihr Hauskloster Kastl ging wahrscheinlich erst beim Aussterben der Grafen von Habsberg an sie über. Ebenso galten sie als Vögte des Klosters Michelfeld bei Auerbach, etwa eine halbe Stunde nördlich von Sulzbach gelegen. Interessanterweise gibt es – unbelegte – Hinweise auf eine Klostergründung durch die Sulzbacher Grafen in der Nähe der heutigen Stadtpfarrkirche, die aber – wenn überhaupt – offenbar nicht sehr lange Bestand hatte.

Im Raum südlich der Donau gilt Graf Berengar I. zusammen mit seiner Mutter Irmgard von Rott als Stifter des Klosters Berchtesgaden. Dieses Gebiet im äußersten Südosten des heutigen Bayern stammte aus dem Familienbesitz der Gräfin Irmgard von Rott. Sie hatte vor ihrem Tod ein Gelübde zur Stiftung eines Klosters abgelegt, das Berengar dann 1102 erfüllte. Die Vogtei über dieses Kloster übten die Sulzbacher Grafen bis zu ihrem Aussterben 1188 aus. Auch das um 1107 gegründete Stift Baumburg in der Nähe Berchtesgadens geht auf die Sulzbacher beziehungsweise auf ihre Ministerialen zurück, allerdings waren sie hier nie Vögte. Ungesichert ist die Vogtei über das adelige Damenstift Niedermünster in Regensburg. Dagegen gilt Berengar I. ab 1110/11 als Vogt des Benediktinerklosters Niedernburg in Passau, und zwar als Nachfolger des schon genannten Ulrich von Passau. Einen weiteren wesentlichen Machtzuwachs bedeutete etwas später dann die Regensburger Hochstiftsvogtei, die nach dem Tod des Domvogts Friedrich IV. 1148 auf Graf Gebhard II. überging. Wie im Falle Niedernburgs ist diese Vogtei bis zum Ende der Sulzbacher Dynastie belegt.

Zeitlich fast parallel zur Gründung des Klosters Kastl wurde die Sulzbacher Burg zur »Großbaustelle«. Die Anlage wurde mit neuen repräsentativen Gebäuden ausgebaut, darunter das neue Saalgebäude, vermutlich auch der Wohnturm und der zweite Achteckturm am westlichsten Rand des Burgfelsens. Oktogonale Türme galten seinerzeit als extravagante Zeichen von Macht und Repräsentation. Allein daraus lässt sich schließen, dass unter Berengar I. der Höhepunkt der Macht erreicht war – mit einem adeligen Netzwerk bis in kaiserliche Kreise. Zu Berengars Gefolge auf dem Nordgau gehörten zahlreiche Edelfreie und Ministeriale, die auf den Burgen im Raum Vils, Naab und Schwarzach ansässig waren: die Burgherren von Parkstein und Flossenbürg, Ministeriale in Creußen und Thurndorf,

DIE KASTLER REIMCHRONIK

Eine der wenigen schriftlichen Quellen zur Frühgeschichte Sulzbachs stellt die Kastler Reimchronik dar. Sie ist Teil einer Sammlung von Handschriften, die im 14. Jh. angelegt wurde, um die Geschichte des Klosters Kastl zu dokumentieren. Der Autor der 790 mittelhochdeutschen Verse ist unbekannt. Es dürfte sich dabei um einen Mönch des Klosters gehandelt haben.

Zur Zeit der Abfassung der Chronik befand sich das Kloster in einer Phase des Umbruchs, nachdem das Erbe der Sulzbacher Grafen auf die Wittelsbacher übergegangen war. Unter Kaiser Ludwig dem Bayern wurde das Kloster Kastl, jetzt Reichskloster, zu einem überregional bedeutenden geistlichen Zentrum auf dem Nordgau.

Mit seiner Chronik wollte der Verfasser in volkstümlicher Sprache die Bedeutung des Klosters im Laufe der Geschichte dokumentieren. Ein besonderes Augenmerk legte der unbekannte Mönch auf die angesehene Stellung der Stifterfamilien, deren gemeinsame Abstammung er auf einen Grafen Ernst zurückführte. Ob dieser personengleich ist mit dem 865 verstorbenen Grafen Ernst auf dem Nordgau und/oder mit dem Adeligen aus dem Grabfund im Sulzbacher Schlossareal, ist nicht geklärt. Sehr oft ist in legendenhaften Erzählungen dieser Zeit die Figur eines »Grafen Ernst« erwähnt. Deshalb könnte hier bewusst eine Vermischung von Fiktion und Wahrheit erfolgt sein – ein bei Stifterchroniken gerne angewandtes Stilelement.

dazu Edelfreie aus Ebermannsdorf, Theuern, Hahnbach, Königstein, Aschach, Kürmreuth und Rosenberg, um nur einige Beispiele zu nennen. Der große oktogonale Wohnturm der Sulzbacher Burg wurde im Gefolge Berengars zum architektonischen Vorbild für die eigenen Anlagen. Auf Burg Ebermannsdorf zum Beispiel gab es einen vergleichbaren Turm.

Graf Berengars ausgezeichnete Kontakte zur Gregorianischen Kirchenreformbewegung ließen ihn zu einem ihrer eifrigsten Förderer im bayerischen Raum werden. Im Investiturstreit zwischen Kaiser und Papst engagierte er sich für die Ideale dieser Reformströmung. Berengar war maßgeblich an der Erhebung gegen den Salierkaiser Heinrich IV. und dessen

Absetzung 1105/06 beteiligt. Und er wurde zu einem der einflussreichsten Berater, wenn nicht sogar zum engsten Vertrauten, von dessen Sohn und Nachfolger Kaiser Heinrich V. So stand Berengar beim Italienfeldzug Heinrichs V. 1110/11 an dessen Seite. Berengars Unterschrift findet sich auf allen Urkunden Heinrichs zu zentralen Ereignissen, wie zum Beispiel beim Wormser Konkordat 1122 zur Beilegung des Investiturstreits. Diese sehr häufige Präsenz am Hof des Kaisers macht Berengars herausgehobene Stellung unter den Adeligen des damaligen Bayern deutlich. Er war Teil einer Gruppe von Adeligen, die sich im engsten Umfeld des Kaisers bewegten, alle mit verwandtschaftlich-freundschaftlichen Beziehungen untereinander. Man gehörte zu einer der vornehmsten Dynastien im Reich. Der rangmäßig niedrigere Grafentitel Berengars spielte dabei wohl keine Rolle. Beide, Kaiser Heinrich V. und Graf Berengar I., starben 1125, kurz nacheinander.

Dem Sohn und Nachfolger Berengars, Graf Gebhard II., gelang eine ähnliche Königsnähe erst unter Konrad III. Gebhard gehörte zwar nicht zum allerengsten Beraterkreis bei Hofe, aber seit der Heirat seiner Schwester Gertrud mit Konrad III. hatte er als Schwager des Königs eine herausgehobene Position. Mit der Belehnung der Markgrafschaft Cham-Vohburg nach dem Ende der Diepoldinger erfuhr Graf Gebhard II. sogar eine Rangerhöhung. Auch seine eigene Eheschließung mit Mathilde von Bayern, Tochter des Welfenherzogs Heinrich IX., bedeutete einen Aufstieg für ihn.

1146 wurde Bertha, eine weitere Schwester, Ehefrau Manuels I. Komnenos von Byzanz und damit Kaiserin. Der Sulzbacher Graf war nun verschwägert mit den beiden mächtigsten Männern dieser Zeit – dem jeweils weltlichen Oberhaupt des Orients und des Okzidents. Eine derartige Machtkonstellation innerhalb einer Dynastenfamilie ist historisch einmalig.

Das Verhältnis zwischen deutschem und byzantinischem Reich war damals sehr angespannt. Beide Herrscher sahen sich als legitime Nachfolger des antiken römischen Kaisertums. Doch gab es mit den Normannen in Unteritalien einen gemeinsamen Widersacher. Deshalb hatte man sich in Byzanz für eine aktive Westpolitik entschieden, die ab 1135 in die Aufnahme

Die archäologischen Grabungen dienten als Grundlage für diese Rekonstruktion der Kernburg Sulzbach im 12. Jh. Die Fundamentreste des großen, achteckigen Wohnturms können heute im Inneren des Schlosses besichtigt werden.

diplomatischer Beziehungen gemündet hatte mit dem Ziel eines Bündnisses gegen die Normannen. Als dann der byzantinische Kaiser Johannes II. Komnenos eine deutsche Prinzessin für seinen jüngsten Sohn Manuel suchte, schlug König Konrad III. seine Schwägerin Bertha von Sulzbach vor. Diese arrangierte Verheiratung der Sulzbacher Grafentochter mit dem nachgeborenen byzantinischen Prinzen sollte das gewichtige Bündnis unterstreichen und die beiden Reiche näher zusammenrücken lassen. Die zentrale Rolle der Sulzbacher Burgherren inmitten der hohen kaiserlichen Politik bedeutete gleichzeitig eine weitere Rangerhöhung – eine, wie es sie im hochmittelalterlichen Adel bis dahin noch nie gab und auch nie mehr folgen sollte.

Unter König Konrads Nachfolger, Friedrich I. Barbarossa, sowie nach Berthas Tod kühlte das deutsch-byzantinische Verhältnis wieder ab – das Ost-West-Bündnis zerbrach. Im weiteren Verlauf des 12. Jhs. gelang den Sulzbacher Burgherren keine Erweiterung des Familienbesitzes mehr wie noch unter Berengar I. Der Aufstieg in den Rang eines Territorialfürsten blieb ihnen versagt. Vielleicht sahen sie keine Notwendigkeit dafür oder sie hatten mangels männlicher Erben keine Gelegenheit mehr dazu. Jedenfalls blieb der Grafentitel ein reiner Amtstitel.

BERTHA VON SULZBACH – KAISERIN VON BYZANZ

»Und es ist klar: der, der vor kurzer Zeit über das Volk (der Alamannen) herrschte (Konrad III.), vermählte sich mit der älteren der Schwestern, unserem damaligen Kaiser aber und dem Vater des Kaisers (Johannes II.) sandte er diese, damit sie mit dem herrlichsten (von seinen) Söhnen verbunden werde und zusammenlebe.« Mit diesen Worten bei der Grabrede für die soeben verstorbene Kaiserin Eirene – so Berthas Name als Kaiserin – hob der Metropolit Basileios von Thessalonike ihre Herkunft aus einer mächtigen deutschen Adelsfamilie hervor. Auch beim byzantinischen Geschichtsschreiber Niketas Choniates kann man nachlesen, dass »Kaiser Manuel eine Alamanin aus einem hochberühmten, dem Herrscherhaus nahestehenden Geschlecht als Gattin heimführte«. Diese Worte lassen darauf schließen, dass die Grafentochter aus Sulzbach sich als byzantinische Kaiserin zumindest den Respekt der Menschen in diesem von ihrer Heimat fernen »märchenhaften« Land erwarb. Damit erfüllte sie durchaus die schwierige Aufgabe, die mit dieser Heirat verbunden war, nämlich Vermittlerin zwischen Ost und West zu sein.

Im Sommer 1142 reiste Bertha mit einer byzantinischen Gesandtschaft in die Hauptstadt Konstantinopel. Sie wurde dort mit allen Ehren empfangen. Noch im gleichen Jahr musste Kaiser Johannes II. seine Nachfolge neu regeln – bedingt durch den Tod seiner beiden älteren Söhne. Als er ein Jahr später selbst starb, wurde Berthas Bräutigam Manuel, für den eigentlich eine militärische Laufbahn vorgesehen war, überraschend Kaiser von Byzanz. Bertha, die »einfache« Grafentochter, galt nun nicht mehr als standesgemäß; die Heirat musste neu verhandelt werden.

Nach mehr als drei Jahren Ungewissheit und erst nachdem sie aufgrund der Adoption durch König Konrad III. sozusagen königsgleich geworden war, fanden im Januar 1146 die Krönungs- und Hochzeitsfeierlichkeiten und die Aufnahme Berthas in die orthodoxe Kirche statt. Bertha, jetzt Kaiserin Eirene, und Manuel I. Komnenos galten als glanzvolles Kaiserpaar. Auch wenn die Beziehung wohl unterkühlt blieb, erwies der Kaiser seiner Gattin jede Ehre. Das byzantinische Reich erlebte unter Manuel I. eine letzte große Blüte, nicht zuletzt durch das vermittelnde Engagement der Sulzbacherin.

Weiter kann man der Grabrede entnehmen, dass die Kaiserin vor allem kirchliche und karitative Aufgaben wahrnahm. Sie sorgte für Witwen und Waisen und setzte sich für verurteilte Straftäter ein. Ihr großes Interesse galt der altgriechischen Literatur.

Zu einer schweren Belastung für das Kaiserpaar wurde das Ausbleiben eines Thronfolgers. Lediglich die ältere der beiden Töchter, Maria, erreichte das Erwachsenenalter, Anna wurde nur vier Jahre alt. Bertha starb um 1160 unerwartet an den Folgen eines hohen Fiebers. Sie wurde mit einer prunkvollen Trauerfeier in der Grabstätte der Komnenen im Pantokrator-Kloster in Konstantinopel, dem heutigen Istanbul, beigesetzt. Ihre Heimat sah sie nie wieder.

Am Hofe Friedrichs I. Barbarossa spielten die Sulzbacher Grafen nur mehr eine untergeordnete Rolle. Nahe Familienangehörige und eigene Gefolgsleute rückten jetzt ins unmittelbare Umfeld des Kaisers. Andere Adelsdynastien wie die Wittelsbacher stiegen ins Zentrum der Macht auf; bisher bedeutende Adelige wie die Sulzbacher Grafen mussten sich hingegen zurückziehen. Dies zeigte sich in der selteneren Präsenz Graf Gebhards II. am Hofe des Kaisers. War Gebhard II. zu König Konrads Zeiten noch einer der bestbezeugten Adeligen des süddeutschen Raums, war sein Sohn Berengar II. in den Urkunden Barbarossas nur ein einziges Mal belegt. Berengar II. verstarb 1167 noch vor seinem Vater – vermutlich an der Pest während eines Italienfeldzugs Barbarossas. Mit dem Tod Gebhards II. 1188 war schließlich das Ende des einst so mächtigen Sulzbacher Grafengeschlechts gekommen.

Die Erben der Sulzbacher Grafen

Bereits 1167, nach dem Tod Berengars II., hatte sich Kaiser Friedrich I. Barbarossa, ein Neffe König Konrads III., durch Vorverträge mit dem Bamberger Bischof die Vogteilehen der Sulzbacher gesichert. Auch ein Teil des Allodialguts der Grafen,

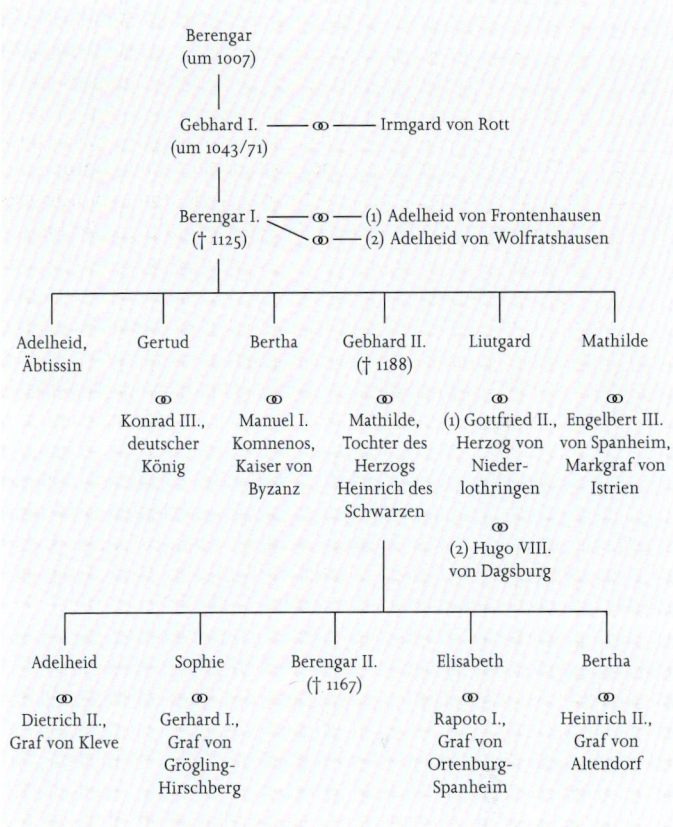

Die Grafen von Sulzbach: Kurze Genealogie der Familie (Auswahl)

darunter einige Gebiete in der nördlichen Umgebung Sulzbachs, gelangten durch Kauf an den Stauferkaiser. Den anderen Teil des Familienbesitzes erbten die Töchter Gebhards II. beziehungsweise die Familien ihrer Ehemänner. So zum Beispiel Graf Heinrich von Altendorf mit Sitz südlich von Nabburg, dessen Besitz bis nach Mittelfranken reichte. Als Ehemann von Gebhards Tochter Bertha gingen die Güter Schwarzenberg und Neustadt an der Waldnaab an seine Familie

Den Besitz der Sulzbacher Grafen im Süden des heutigen Bayerns sowie die Klostervogtei Berchtesgaden erbten die Ortenburg-Spanheimer, aufgrund der Ehe Rapotos I. mit Elisabeth von Sulzbach. Seit mehreren Generationen schon war dieses Adelshaus freundschaftlich mit den Sulzbachern verbunden. Man stand auch hier den Ideen der Gregorianischen Kirchenreformbewegung nahe. Und schon seit einiger Zeit hatten die Ortenburg-Spanheimer die Vogtei über Kloster Baumburg inne.

Eine weitere Tochter Gebhards, Sophie, war verheiratet mit Graf Gerhard von Grögling-Hirschberg. Dessen Besitzkomplex erstreckte sich im Altmühltal von Grögling und Beilngries bis Greding und Thalmassing sowie weiter bis Hemau. Ursprünglich stammte diese Familie aus der Freisinger Gegend. Sie hatte jetzt die Eichstätter Hochstiftsvogtei inne und nannte sich nach der über Beilngries gelegenen Burg Hirschberg. Aus dem Erbe der Sulzbacher Grafen erhielten die Hirschberger nun den hauptsächlichen Teil der Güter im Lauterachtal zwischen Kastl, Lauterhofen und Sulzbach, einschließlich der Burg Sulzbach selbst. Damit wurden sie die neuen Burg- und Stadtherren.

1180 belehnte Kaiser Friedrich I. Barbarossa für treue Dienste Otto von Wittelsbach mit dem Herzogtum Bayern, nachdem es den Welfen entzogen worden war. Die Wittelsbacher nannten sich zunächst Grafen von Scheyern, später nach ihrer neu erbauten Burg Wittelsbach an der Großen Paar, einem Nebenfluss der Donau. Schon seit Anfang des 12. Jhs. drängte sie es von ihren Stammlanden weiter nach Norden. Am Hof Barbarossas wurden sie schließlich zur bedeutendsten aufsteigenden Adelsdynastie – ganz im Gegensatz zu den absteigenden Sulzbacher Grafen.

Bis zum Aussterben der Sulzbacher herrschte zwischen den beiden Adelshäusern eine spürbare Rivalität. Es gab zwischen den »alteingesessenen« Sulzbachern und den neuen Emporkömmlingen aus dem Haus Wittelsbach keine verwandtschaftlichen Beziehungen. Das nahe gelegene Kloster Ensdorf im Vilstal, eine Gründung der Wittelsbacher, wurde von den Sulzbachern nicht mit Schenkungen bedacht. Man konkurrierte um die Gunst der Edelfreien im Naab- und Vilsraum. Bereits vor dem Tod Gebhards II. wechselten ehemalige Gefolgsleute der Sulzbacher Grafen ins Umfeld der aufsteigenden Wittelsbacher.

Die Hirschberger Grafen, jetzt »von Sulzbach-Hirschberg«, pflegten dagegen sehr wohl verwandtschaftliche Kontakte zu den neuen Herzögen von Bayern, zum Beispiel durch Heirat. 1305 starb der letzte der Hirschberger Grafen, Gebhard VII., wiederum ohne männliche Nachkommen. Für diesen Fall hatte er bereits 1291 seinen Onkel, den Wittelsbacher Herzog Ludwig II. den Strengen, und dessen Söhne Rudolf I. und Ludwig IV. zu seinen Erben erklärt. Stadt und Grafschaft Sulzbach mit Werdenstein, Pfaffenhofen, Ammerthal, Hirschau und Ehenfeld gelangten nun in den Besitz der ehemaligen Rivalen. Mit diesen Gütern konnten die Wittelsbacher ihre Position auf dem Nordgau weiter festigen. Offiziell wurden sie erst 1307 mit den genannten Gütern belehnt.

Für Sulzbach und die umliegenden Gebiete begann eine neue Zeitrechnung. Mehrere Jahrhunderte lang wechselten sich die verschiedenen Zweige der Wittelsbacher Dynastie als Stadt- beziehungsweise Landesherren ab.

Von der Burgsiedlung zur Stadt

Erste Ansiedlungen gab es schon zur Zeit der allerersten Burgherren. Als dann die Grafen von Sulzbach die Burg übernahmen, siedelten vor allem ihr Gefolge und ihre Dienstmannen im Bereich des heutigen Luitpoldplatzes. Die günstige Lage an einer Handelsstraße zog zudem Kaufleute und Gewerbetreibende an. Diese fanden im Einzugsbereich der Burg Schutz und trugen gleichzeitig zur Versorgung der dortigen Bewohner bei. Immer noch lässt der Verlauf der heutigen Bergstraße erahnen, dass hier von Süden her der Hauptzugang zu Burg und Siedlung gewesen sein muss.

Diese Keimzelle der heutigen Altstadt war, wie die jüngsten Grabungen gezeigt haben, umwehrt von einer ersten Stadtbefestigung aus karolingischer Zeit. Wahrscheinlich zeitlich parallel zu den Baumaßnahmen auf der Burg ließen die Sulzbacher

Grafen die anfängliche Mauer ausbauen. Die Burg selbst war wohl auch Sitz des Grafschaftsgerichts. Da an Gerichtstagen ein Friedensgebot herrschte, war die Abhaltung von friedlichen und störungsfreien Markttagen gewährleistet. In ihrer Funktion als Marktherren besetzten die Grafen öffentliche Ämter dieses frühen Gemeinwesens aus dem Kreis ihrer Gefolgsleute.

Die Quellenlage ist ab dem 13. Jh. wieder eher mangelhaft. Doch nennen zwei Urkunden Sulzbach erstmals als ein geschlossenes Rechtsgebiet: 1252 erwähnt eine kirchliche Urkunde bei der Aufzählung einer Zeugenliste einen »Leutepriester« (»plebanus de Sulzpach«). Gleichzeitig bedeutet dies, dass es zu dieser Zeit bereits eine Pfarrkirche gab. In einer Urkunde des Klosters Kastl von 1253 wird von einem Vorgang »im Markt Sulzbach« (»in foro Sulzpach«) berichtet. Markt im rechtlichen Sinne blieb Sulzbach vermutlich bis zur Zeit der letzten Hirschberger Grafen.

Diese verliehen den Bewohnern Sulzbachs verschiedene Rechte, die darauf hindeuten, dass jetzt ein Gemeinwesen mit dem Charakter einer Stadt entstanden war. Die Privilegien beinhalteten zum Beispiel Bestimmungen zu Steuerrecht oder Gerichtsbarkeit, sie betonten die herausgehobene Stellung Sulzbachs gegenüber den umliegenden Orten und dergleichen mehr. Außerdem gab es ab jetzt wohl eine Art Rat der Stadt, ein frühes Vertretungsorgan für die Bürgerschaft. Spätestens 1305, mit der Verleihung des Grundprivilegs durch Rudolf I. und Ludwig IV., besaß man offiziell den Rang einer Stadt. Die beiden Wittelsbacher beriefen sich in der Urkunde ausdrücklich auf die Rechte, die bereits Gebhard von Hirschberg verliehen hatte: »[…] als uns an braht hat unser lieber oheim graf Gebhart von Hirsperg, dem got genadt […].« Für die weitere Entwicklung der Stadt in den Bereichen Recht und Verwaltung bildete dieses Grundprivileg fortan die Basis.

Die Rosenburg

Ungefähr drei Kilometer südöstlich von Sulzbach gruppierte sich zu diesem Zeitpunkt eine kleine Ansiedlung von Häusern

Diese Federzeichnung, entstanden ungefähr um 1560, ist eine der wenigen existierenden Abbildungen von der Rosenburg.

um die Rosenburg. Die markante Erhebung mitten im Ortskern des anderen Teils der heutigen Doppelstadt ist mittlerweile als Schlossberg bekannt. Allerdings ist auf dem beliebten Aussichtspunkt von der Burg selbst nichts mehr zu sehen. Der letzte Rest des Bergfrieds wurde 1929 mit einem Mahnmal für die Gefallenen des Ersten Weltkriegs überbaut.

Zu den Anfängen der Rosenburg ist nur sehr wenig bekannt, vermutet wird eine Erbauung ungefähr um 1100. Ein Gemälde auf einem Epitaph und eine vage Zeichnung (beide 16. Jh.) gehören zu den wenigen Abbildungen, die ein ungefähres Bild von der Burganlage vermitteln.

Bereits Johannes Braun, bis 1628 evangelischer Pastor, Hofprediger und Lehrer in Sulzbach, berichtete in seiner *Nordgauchronik* vom Verfall der Rosenburg: »Zwei Viertel Stund von der Stadt liegt das Dorf Rosenberg mit einem alten Bergschloß [...]. Das Schloß liegt auf einem sehr hohen Berg, ist heutiges Tags nur ein alt Gemäuer mit Hecken und Dornen verwachsen: hatte gar ein wildes Ansehen, als ich es a. 1615 besichtiget [...] daß es nur mehr eine Wohnung der Eulen und Fledermäuß und anders Ungeziefer worden ist.«

Bekannt ist, dass Burg und Siedlung ursprünglich Reichslehen waren, vom Kaiser verliehen an Ministerialenfamilien, und dass die Burgherren zum Gefolge der Sulzbacher Grafen gehörten. Als die frühesten belegbaren Burgherren auf der Rosenburg gelten die sogenannten Königsteiner, eine Adelsfamilie aus dem gleichnamigen Ort nordwestlich Sulzbachs. Diese führten auch eine Rose im Wappen. Jedoch ist ungeklärt, ob der Name von Burg und Ort sich vom heraldischen Zeichen der Rose herleitet oder von wilden Rosenbüschen, die einst am Hang des Burgbergs gewachsen sind.

Eine alte Sulzbacher Sage berichtet, dass eben jener Graf Gebhard von Kastl eines Morgens östlich von Sulzbach mit anderen Rittern auf der Jagd war. Schließlich führte sie der Weg auf einen Berg, der über und über mit Rosen bewachsen war. Die schöne Aussicht von dieser Anhöhe bewundernd, sagte einer der Ritter: »Hier will ich mir eine Burg bauen [...] und Rosenburg soll sie heißen.« In einer anderen Quelle kann man lesen, dass der Burggründer eine Rose im Wappen geführt haben soll.

Von den Königsteinern ging die Rosenburg, wiederum als Reichslehen, in den Besitz der Ministerialenfamilie von Klingenburg über. Bei einem Gütertausch mit den Hirschberger Grafen im Jahr 1253 gelangte die Rosenburg schließlich an die Sulzbacher Herren. In der entsprechenden Urkunde findet sich die erste gesicherte namentliche Nennung Rosenbergs.

Nach dem Ende der Hirschberger Grafen war auch Rosenberg Teil des Erbes, das sie ihren Wittelsbacher Verwandten Rudolf I. und Ludwig IV. vermachten. Ab jetzt – unter der gleichen Herrschaft – teilte sich Rosenberg die Geschichte mit Sulzbach.

Spätes Mittelalter: Goldene Straße und Hammerwerk

Wittelsbacher Pfandschaftsgebiet

Die Geschichte des Hauses Wittelsbach ist nicht zuletzt geprägt von verschiedenen Hausverträgen, die die Beziehung der einzelnen Familienzweige und die jeweiligen Erbansprüche untereinander regelten. Auch die standesgemäße Versorgung nachgeborener Söhne wurde so sichergestellt. Bereits 1329 schlossen Ludwig IV. und Rudolf I., beziehungsweise dessen Söhne Rupprecht I. und Rudolf II., den Hausvertrag von Pavia. Dieser markierte den Ursprung für das Entstehen der pfälzischen und bayerischen Linie der Wittelsbacher. Die neuen Stadtherren von Sulzbach wurden zu diesem Zeitpunkt die Wittelsbacher der Pfälzer Linie – die Pfalzgrafen bei Rhein, so ihr offizieller Titel. Im Gegensatz zum Herzogtum der bayerischen Wittelsbacher war die Pfalzgrafschaft bei Rhein kein geschlossenes Territorium, sondern setzte sich aus verstreut liegenden Gebietschaften zusammen. Diese hatte der Wittelsbacher Herzog Ludwig I., der Kelheimer, 1214 vom Stauferkaiser Friedrich II. als Lehen erhalten.

Um Schulden zu begleichen, bedienten sich die Wittelsbacher der üblichen Praxis, Güter zu verpfänden. Auch in Sulzbach und Rosenberg wechselten deshalb häufig die Stadt- und Landesherren. Die für die Stadt bedeutendste Verpfändung war sicherlich die an Kaiser Karl IV. zwischen 1353 und 1373 – damit begann eine Phase mit geradezu bahnbrechenden Entwicklungen.

Böhmische Zeit

Durch seine Heirat 1349 mit Anna, der Tochter des Pfalzgrafen Rudolfs II., eröffnete sich für den böhmischen König und späteren deutschen Kaiser Karl IV. die Möglichkeit, in Besitz der

Güter seines Schwiegervaters auf dem ehemaligen Nordgau zu gelangen. Doch starb Anna noch vor ihrem Vater, was Karls Pläne zunächst zunichtemachte.

Kaiser Karls Hauptinteresse an den Nordgau-Gebieten war vor allem begründet in deren Lage entlang der Goldenen Straße, die seine Residenzstadt Prag in Böhmen mit der Reichsstadt Nürnberg verband. Von Nürnberg führte die Straße über Frankfurt am Main weiter bis zum luxemburgischen Hausbesitz der Dynastie Karls IV. Die Güter aus dem Erbe Rudolfs sollten eine Art Brückenfunktion erfüllen. Auch der zu dieser Zeit bereits blühende Erzbergbau im Sulzbacher Land dürfte die Region für Karl IV. interessant gemacht haben. Der Kaiser ging in der Folge äußerst planvoll vor, durch Erwerb von möglichst geschlossenen Gebietskomplexen Böhmen nach Westen hin zu erweitern.

Als Rudolf II. 1353 starb, konnte Karl die oberpfälzischen Gebiete aufgrund von Verträgen mit dessen Erben, Rupprecht I. und Rupprecht II., erwerben. Beide hatten Schulden beim Kaiser. Rupprecht den Jüngeren hatte Karl aus sächsischer Gefangenschaft ausgelöst, Rupprecht dem Älteren eine größere Summe Geld geliehen. Im Gegenzug dafür erhielt Karl als Pfand die begehrten Ländereien an der Goldenen Straße, darunter Sulzbach und Rosenberg. Mit dieser neuen »Landbrücke« sah der Kaiser es jetzt als gewährleistet an, dass man sicher von Böhmen nach Nürnberg zum Hoftag und nach Frankfurt zur Königswahl gelangen konnte.

Die Pfälzer Wittelsbacher erhielten dafür von Kaiser Karl IV. – neben dem König von Böhmen, dem Markgrafen von Brandenburg, dem Herzog von Sachsen und den Erzbischöfen von Mainz, Köln und Trier – die Kurwürde zugesprochen. Diese sieben Kurfürsten (von lat. *cura* = Wahl) sollten in Zukunft die alleinigen Königswähler sein, was ihnen eine besondere Stellung verschuf.

Das neue Territorium wird erst seit der jüngeren Vergangenheit »Neuböhmen« genannt. Zur Zeit Karls IV. hieß es »Bavaria trans silvam Boemicalem«, »in des keisers herschaft zu Beyrn« oder auch »in dem lande zu Sulczbach gelegen«. Letzteres deutet die Funktion Sulzbachs als Hauptstadt und Verwaltungsmittelpunkt an. Die Stadt war dann auch das erste

Gemeinwesen der neu erworbenen Gebiete, das dem Kaiser als Landes- und Stadtherrn huldigte.

Mehrere Aufenthalte des Kaisers in Sulzbach sind belegt. Für die Stadtbewohner war die Ankunft des Kaisers mit seinem Gefolge sicherlich jedes Mal ein beeindruckendes Schauspiel. Die Beherbergung des kaiserlichen Trosses dürfte auch ein erheblicher wirtschaftlicher Faktor gewesen sein. Lebenslang in Erinnerung blieb den Menschen höchstwahrscheinlich die Teilnahme des Kaisers an Festlichkeiten in der Stadt, wie 1354 an der Fronleichnamsprozession.

Hartnäckig hält sich die Legende, dass der Kaiser während seiner Besuche jedes Mal im Gasthof Zur Krone übernachtet habe. Das ist jedoch wenig wahrscheinlich. Der begrenzte Platz dort hätte vermutlich für das große Gefolge nicht ausgereicht. Dass die Burg zu der Zeit nicht bewohnbar gewesen sei, weil sie schon länger leer stand, dürfte so auch nicht stimmen.

Durch weitere Ausbaumaßnahmen während der Zeit der Hirschberger Grafen, also noch vor 1305, hatte die Burg ihre heute noch sichtbaren Ausmaße erreicht. Auch später noch sind Baumaßnahmen belegt. Neben der Nutzung von Burgräumen für Verwaltungstätigkeiten ist die Existenz einer »Großen Keyserstube« zur Zeit Karls bekannt. In den 1350er-Jahren gab es jedoch einen größeren Brand. Während der Reparaturarbeiten könnte Kaiser Karl dann tatsächlich den Gasthof Zur Krone als Ausweichquartier bewohnt haben.

Die Hauptstadt Sulzbach profitierte in vielfältiger Weise von des Kaisers Gunst: Schon kurz nach der Erwerbung bestätigte er ihr alle bisherigen verbrieften Rechte. Außerdem gewährte er weitere Privilegien: Den Sulzbacher Kaufleuten wurde Zollfreiheit für bestimmte Güter gewährt, ebenso Zollfreiheit in Nürnberg, Frankfurt am Main und in allen Städten Böhmens. Umgekehrt genossen auch die Nürnberger Zollfreiheit in Sulzbach. Jeder Bürger der Stadt erhielt das Recht, ein Bergwerk zu betreiben – der Bergbau stand am Anfang seiner Blütezeit. Verschiedene Stiftungen begünstigten das Spital, das damals schon einige Zeit bestand. Um 1355 begann man mit dem Bau eines gotischen Chors an das Langhaus der ursprünglich romanischen Stadtpfarrkirche. Gleichzeitig stiftete der Kaiser der Pfarrei Reliquien vom Hl. Johannes dem Täufer und vom Hl. Burkhard. Wenzel, der Sohn des Kaisers, erhielt den Titel eines Grafen von Sulzbach zusammen mit dem Lilien-Wappen.

Die ehemalige Verbundenheit Sulzbachs mit Böhmen ist bis heute an mehreren Orten in der Altstadt sichtbar. Neben verschiedenen Darstellungen der böhmischen Nationalheiligen Wenzel und Johannes Nepomuk befindet sich der Böhmische Löwe als Wappenstein am Gasthaus Zur Krone. Da sich dieses Gebäude in der Nähe des Stadttors befand, sahen Reisende schon beim Einzug die Verbundenheit zu Böhmen. Umgekehrt kann man am Tor zur Karlsbrücke in Prag, dem Altstädter Brückenturm, immer noch die Sulzbacher Lilien entdecken, die Kaiser Karl zusammen mit den anderen Wappen seiner Ländereien dort anbringen ließ.

Insgesamt bedeuteten diese Förderungen immensen wirtschaftlichen Aufschwung. Genaueste Einblicke in die damalige Wirtschafts- und Kaufkraft des Sulzbacher Landes gibt das Böhmische Salbüchlein: Dieses zwischen 1366 und 1368 entstandene Verzeichnis über die neu erworbenen Gebiete wurde angelegt, um »alle herrschaftlichen Güter und Einkünfte, Rech-

Darstellung des Hl. Wenzel an der Außenwand des Chors der Pfarrkirche St. Marien aus der Zeit um 1380/90. Die Figur trägt wahrscheinlich die Gesichtszüge Kaiser Karls IV.

te und Ansprüche des böhmischen Königs [...] festzuhalten und damit die planmäßige Verwaltung [...] zu ermöglichen«.

Lehensverzeichnisse, wie das *Lehenpuch zu Sultzpach*, geben Aufschluss über Grundbesitz wie Höfe, Gärten, Äcker oder Weiden, auch über Art und Summe der Abgabenleistungen. Neben Geldabgaben (in Form von Zinsen oder Zehnten) waren dies hauptsächlich Naturalien. Dazu gehörten in Sulzbach vor allem Getreide wie Weizen und Hafer. Weitere Listen nennen Amtssitze und Namen von Landrichtern, Landpflegern und Landschreibern, ebenso wie die verschiedenen »Burghuten«, also die Bewacher einer Burg. Für die Rosenburg wird beispielsweise Nikolaus Raydenbach genannt, der auch als der erste dort namentlich bekannte Pfleger gilt.

Waffenlisten und die Zahl an Pferden geben Einblicke in die militärische Stärke einer Veste beziehungsweise eines Pflegamts: Einem Sulzbacher Hauptmann waren 36 Mann zugeordnet, einem Rosenberger nur 14. Bewaffnete Fußsoldaten und Reiter zählten ebenso dazu wie Torwächter oder Köche. In Sulzbach musste zudem die Bürgerschaft wehrfähige Männer zum Dienst stellen. Warenlisten und Angaben zu den jeweiligen Kosten für Geleitschutz durch die Ortschaften lassen auch Rückschlüsse auf Art und Umfang des Handelsverkehrs auf der Goldenen Straße zu. Dieser Hauptverkehrsweg von West nach Ost, und damit der gesamte Warentransport von und nach Böhmen, führte direkt durch Sulzbach. Der Stadt und ihren Bewohnern bescherte dies vermehrten Handel und dementsprechend mehr Einnahmen.

Den damit erworbenen Wohlstand der Bürger konnte man auch bald im Stadtbild sehen: Es kam zur einer beträchtlichen Erweiterung des Stadtgebiets um etwa das Doppelte. Die bereits bestehenden Vorstadtsiedlungen im heutigen Neustadt- und Bühlviertel wurden massiv ausgebaut und verdichtet, kurz nach der »böhmischen Zeit« auch das Bachviertel. Viele Anwesen und Gebäude, die bis heute in diesen Stadtvierteln bestehen, lassen sich im Kern in die Mitte des 14. Jhs. datieren.

Die zahlreichen archäologischen Forschungen der jüngsten Zeit konnten die Existenz einer karolingischen Wehrmauer um Burg und Marktviertel – erweitert in romanischer Zeit – nachweisen. Der Ausbau der Stadtteile im 14. Jh. machte die Anlage einer neuen Stadtmauer nötig mit Zugängen durch das westliche Hagtor, das nördliche Neutor und das östliche Rosenberger Tor. Teile dieser gotischen Anlage haben sich bis heute erhalten. Das Bachviertel im Süden wurde etwas später, ab 1388, umwehrt. Zur Stadtbefestigung gehörten hier vorgelagerte Weiher, die die Bürger auch zum Fischfang nutzen konnten. Den Zugang von Süden ermöglichte, zusätzlich zu den beiden seit romanischer Zeit bestehenden Brunntoren, das Weihertor.

In verwaltungstechnischer und verfassungsrechtlicher Hinsicht war Neuböhmen ein Territorium mit vergleichsweise modernen Strukturen. Kaiser Karl knüpfte dabei an vorhandene Traditionen aus der Zeit seines Schwiegervaters Rudolfs II. an. Bereits damals war Sulzbach Sitz einer landesherrlichen Vertretung gewesen, eines Vitztums (von lat. *vice dominus* = Stellvertreter des Herrn), der die Funktion von Landpfleger und Landrichter in einer Person ausübte. Er war sowohl für Verwaltung und Finanzen als auch für die Rechtsprechung zuständig. Jetzt wurde ein »Hauptmann« aus dem böhmischen Adel an die Spitze der Verwaltung gesetzt. Im Wesentlichen waren ihm die Aufgaben eines Landpflegers übertragen. Daneben wurde ein Landrichter bestellt. Aufgrund benötigter spezieller Rechtskenntnisse sollte dieser allerdings aus dem einheimischen Adel stammen. Oberster Finanzbeamter war der Landschreiber. Untergeordnet unter diese Hauptverwaltung waren als kleinere Einheiten die Pflegämter. Deren Verwaltung lag in Händen der Pfleger, meist Herren der jeweiligen Burgen und Vesten in der Umgebung. Auch für die Rosenburg gibt es spätestens ab jetzt namentliche Belege für ein Pflegamt unter den dortigen Burgmannen. Seit der zweiten Hälfte des 14. Jhs. scheint sich der Grundbesitz in Rosenberg in Händen der Familie der Kemnater zu konzentrieren. Sie sind belegt sowohl als Burgherren als auch zeitweise als Pfleger.

1373 endete mit dem Vertrag von Fürstenwalde die böhmische Geschichte Sulzbachs und Rosenbergs: Aufgrund seiner verwandtschaftlichen Beziehungen zum Haus Wittelsbach bot sich Kaiser Karl IV. jetzt die Gelegenheit, die Markgrafschaft Brandenburg zu erwerben. Diese war gerade im Besitz der

Söhne des vormaligen Kaisers Ludwigs des Bayern. Das mit einer Kurstimme ausgestattete Territorium wurde dem Kaiser wichtiger als die »Brückengebiete« in der Oberpfalz. Otto V., der damalige Markgraf von Brandenburg, war zudem Karls Schwiegersohn, verheiratet mit dessen Tochter Katharina. Man hatte außerdem zugunsten von Karls Sohn Wenzel einen Erbvertag gegen die Ansprüche der wittelsbachischen Verwandtschaft geschlossen. Jedenfalls wurde die Markgrafschaft Brandenburg 1373 samt vollständiger Verfügungsgewalt Kaiser Karl IV. zugesprochen. Dafür erhielt Otto V. jetzt die 20 Jahre vorher verpfändeten oberpfälzischen Gebiete zurück. Der Kaiser verlor sein Interesse an Sulzbach von einem Tag auf den anderen. Er war nie wieder hier.

Neue Hauptstadt Neuböhmens wurde Auerbach, das anschließend durch den Kaiser ähnlich gefördert wurde wie zuvor Sulzbach und eine ebensolche Blütezeit erlebte. Unter Karls Nachfolger und Sohn Wenzel, der als nicht sehr fähig galt und obendrein nicht sehr beliebt war, kam es später zu kriegerischen Auseinandersetzungen mit den Pfälzer Wittelsbachern. Damit war das Ende Neuböhmens als Territorium besiegelt.

Otto V. regierte in den zurück erworbenen Gebieten gemeinsam mit seinem Bruder, dem bayerischen Herzog Stephan II. 1374 bestätigten sie den Sulzbacher Bürgern ihre bestehenden Privilegien. Die Stadt blieb weiterhin Verwaltungsmittelpunkt mit Vitztum und Landgericht. Auch die Förderung des Bergbaus war den neuen Herren ein Anliegen.

Wirtschaftsfaktor Bergbau

Die umfangreichen und hochwertigen Eisenerzvorräte machten den Sulzbacher Raum schon früh wirtschaftlich interessant. Größere Bedeutung erlangte er spätestens an der Wende zum 14. Jh. Zu diesem Zeitpunkt entstanden hier überall mit Wasserkraft betriebene Eisenhämmer. Als einer der bedeutendsten Betriebe galt das Rosenberger Hammerwerk am Rosenbach, erstmals belegt 1366/68 im Böhmischen Salbüchlein. Vor allem Schieneisen zur Weiterverarbeitung in Blech-, Draht- und Waffenhämmern wurde hier produziert. Man kann dies als eine Art früher Vorläufer der Maxhütte ansehen, die knapp 500 Jahre später (ab 1863) ebenfalls in Rosenberg Schienen fertigen sollte. Als Rohstofflieferant wurde ein effektiver Eisenerzbergbau benötigt, der sich in der Folge zu einem blühenden Wirtschaftszweig der mittelalterlichen Oberpfalz entwickelte. Heutzutage noch spricht man vom »Ruhrgebiet des Mittelalters«.

Erster schriftlicher Nachweis für den Sulzbacher Bergbaubetrieb ist die Kleine Hammereinung von 1341: eine Vereinbarung mit der 12 Kilometer entfernten Nachbarstadt Amberg, um gleichrangige Bedingungen beim Betrieb der Bergwerke (zum Beispiel Löhne) zu schaffen und damit die gegebene Konkurrenzsituation zu entspannen. In einer Urkunde von 1348 überließ Pfalzgraf Rudolf II., seit 1329 Landesherr, den Bürgern den Erzberg auf dem Eichelberg. Dies ist damit die älteste belegte Erzgrube am Ort. Die Sulzbacher Bergordnung aus dem 14. Jh. nennt als zwingende Voraussetzung für den Betrieb einer Grube den Besitz des Bürgerrechts. Kaiser Karl IV. bestätigte 1354 den Bürgern das Privileg, überall im Gebiet des Landgerichts Erz abbauen zu dürfen.

Das angespannte Verhältnis zu Amberg geriet zu einem ständigen Krisenherd. Bis zu Sulzbachs »böhmischer Zeit« begegneten sich beide Städte als Konkurrenten auf Augenhöhe. Auch waren die Aufgaben genau verteilt: Schwerpunkt in Sulzbach war die Eisenproduktion, in Amberg der Handel mit Eisen, und zwar auf der Grundlage der Sulzbacher Eisenhämmer. Diese aber, da böhmisch geworden, fielen jetzt für Amberg weg. Zudem taten sich für Sulzbach ganz neue Absatzmärkte in Böhmen auf. Diese verschärfte Situation führte zu einer künstlich aufgeblähten Bergbau- und Eisenwirtschaft, die mit dem (abrupten) Ende der böhmischen Herrschaft in Sulzbach wieder in sich zusammenfiel. Sulzbach und Amberg mussten nun eine gemeinsame Lösung finden. Rein äußerlich gelang dies in Form der Großen Hammereinung von 1387.

Anknüpfend an ihre Vorgängervereinbarung, sicherten sich Sulzbach und Amberg eine Art Monopolstellung in Eisengewinnung und Eisenhandel. Nürnberg als vielversprechender Absatzmarkt für die Oberpfälzer Eisenprodukte wurde in den neuen Vertrag mit aufgenommen. Man kann diese Einung von 1387 als eines der ersten Wirtschaftsbündnisse auf deutschem Boden bezeichnen, quasi ein mittelalterliches Kartell. Obwohl es immer wieder Probleme gab – wie geringere Erzqualität, Schwankungen in der Förderleistung, unterschiedliche Nachfrage oder Absatzprobleme, zum Teil auch mangelnde Erschließung der Erzlagerstätten – konnten in der Folge einige Verbesserungen erzielt werden. Insgesamt festigte die Hammereinung, die alle zehn Jahre erneuert wurde, Sulzbachs und Ambergs Position in Bergbau und Eisenhandel. Beiden Städten bescherte dies Ende des 14. Jhs. großen wirtschaftlichen Aufschwung. Und dennoch – zwischen den Städten herrschte weiter Neid und Zwietracht. Die Konkurrenzsituation verschärfte sich zwangsläufig wieder. So stritt man um Erzgruben, deren Lage nicht eindeutig einer Stadt zugeordnet werden konnte, was auch mit den unterschiedlichen Herrschaftsverhältnissen der beiden Städte zu tun hatte. Dass die Landesherren im Falle Sulzbachs mehrfach wechselten, machte die Situation nicht einfacher. Weiterer Streitpunkt war die Nutzung der Vils als Wasserweg zum Transport von Erz und Eisen. Ambergs direkte Lage an der Vils war unzweifelhaft ein Vorteil, den man immer wieder auszunutzen versuchte. Man untersagte den Sulzbachern das Wassernutzungsrecht, obwohl man dazu gar nicht befugt gewesen wäre. Zahlreiche Beschwerden seitens Sulzbachs bei den bayerischen Herzögen blieben erfolglos. Erst eine Krise des Amberger Bergbaus in der zweiten Hälfte des 15. Jhs. beendete die unerquickliche Situation.

Überschattet wurden die 1430er-Jahre auch in Sulzbach von kriegerischen Auseinandersetzungen, die sich an der Hinrichtung des böhmischen Reformators Jan Hus entzündet hatten, der rund 100 Jahre vor Martin Luther in Prag predigte und lehrte. Seit 1414 tagte das Konzil von Konstanz, mit dem Ziel, das seit Jahrzehnten während Große Schisma der Kirche zu beenden. Jan Hus wurde vor das Konzil geladen, um seine Lehre zu widerrufen. Sein Weg nach Konstanz führte ihn durch Sulzbach, wo er im Gasthof Roter Krebs übernachtete. Es sollte seine letzte Reise sein. Kaiser Sigismund ließ ihn 1415 hinrichten, wodurch Hus in Böhmen den Status eines Märtyrers erlangte. Seine Anhänger, die Hussiten, erhoben sich in einem heftig tobenden Krieg gegen Hus' Mörder.

Sulzbach und sein Umland wurden von gewaltsamen und brandschatzenden Soldaten heimgesucht. Am Ende gab es viele Tote, verwüstete Landschaften und zerstörte Orte zu beklagen. Wirtschaftlich musste man massive Einbrüche hinnehmen. Doch konnte sich der Sulzbacher Bergbau mit einiger Mühe wieder erholen und entwickelte sich in der Folge äußerst positiv weiter. Immer neue Abbaustätten konnten erschlossen werden; immer mehr Bürger Sulzbachs besaßen Bergwerksanteile, der Zusammenschluss zu größeren Betriebseinheiten wurde möglich. Dies aber machte eine umfangreichere Organisation nötig, sodass schließlich der Rat der Stadt als übergeordnete Instanz für die Betriebsführung eingeschaltet wurde. Der Erzabbau war zu einem gewichtigen Wirtschaftsfaktor geworden, der den Bürgern Sulzbachs sichtbaren Wohlstand bescherte.

Bautätigkeit

Blühender Handel und vermehrte Geldgeschäfte hatten zum Ende des 14. Jhs. allgemein zu einem Aufschwung der Städte geführt. Die Bürger wollten ihren neuen Reichtum nach außen zeigen, so auch in Sulzbach. Ein wahrer »Bauboom« setzte ein.

1456 wurde mit dem Neubau des Rathauses begonnen. Fundamentmauern im Untergeschoss im noch zugänglichen Lochgefängnis beweisen, dass hier bereits ein Vorgängerbau existiert hat. Bis etwa 1466 wurde das neue zweiteilige Gebäude mit Saal- und Querbau in einer einzigen Bauphase vollendet. Im Erdgeschoss des Saalbaus und des Querbaus befand sich eine Art mittelalterliches Einkaufszentrum mit den verschiedensten Läden: Brotladen, Läden für Tuche und Borten sowie Salzladen beispielsweise, aber auch Stadtwaage und Fleischbank. Das Obergeschoss im Saalbau wurde komplett eingenommen vom Rathaussaal, der ausschließlich als Festsaal genutzt wurde; im Querbau waren Landrichter und Stadtrat ansässig. Zugänglich nur durch eine Außentreppe an der Nordseite, war diese Ebene strikt getrennt von den Läden im Erdgeschoss.

Das Rathaus im Zentrum der Altstadt: Die Fassade wurde wieder in originaler Optik in Szene gesetzt.

In Sulzbach gab es zwar keine Patrizier-Oberschicht wie in Reichsstädten, aber trotzdem eine Reihe wohlhabender Bürger; solche, die man, da ihre Namen über Generationen in den Ratsherrenlisten auftauchten, wohl als Honoratioren bezeichnen würde. In diesen Kreisen leistete man sich jetzt neue, repräsentative Wohnhäuser. Das um 1487/88 errichtete Weißbeckhaus in der Rosenberger Straße gilt als eins der schönsten spätgotischen Bürgerhäuser der Oberpfalz. Vermutlich um 300 Gulden kostete dieser Bau, was ungefähr acht Jahresgehältern eines überdurchschnittlich Verdienenden entsprach. Architekt des Hauses war vermutlich der spätere Nürnberger Stadtbaumeister Hans Behaim der Ältere. Erst durch Brieffunde in jün-

»COMEBACK«

Das Rathaus erlebte durch die Jahrhunderte viele bauliche Umgestaltungen, so zur Zeit der Pfalzgrafen, als neue Portale eingebaut worden waren. Seit dem 19. Jh. verband eine Innentreppe Erd- und Obergeschoss miteinander. Im Rathaussaal blieben einzig die gotischen Maßwerkfenster im Original erhalten. Veränderungen an Treppengiebel und Erker verliehen der westlichen Außenfassade, zusammen mit einer markanten Begrünung, eine völlig andere Optik.

Genauso variierte die Nutzung der Räume; der Rathaussaal diente zeitweise sogar als musealer Ausstellungsraum. Das Erdgeschoss beherbergte unter anderem die Gendarmeriestation. In der jüngsten Vergangenheit befand sich hier der Gastronomiebetrieb Ratskeller.

Ziel der Sanierung in den Jahren 2001 bis 2004 war, aus dem Rathaus wieder städtisches Verwaltungszentrum und Amtssitz des Bürgermeisters zu machen. Damit verbunden sein sollte die äußerliche Rekonstruktion des Originalzustands der Erbauungszeit. Die ehemaligen Läden im Erdgeschoss wurden optisch wieder hergestellt. Groß war die Überraschung, als nach Entfernung aller im Laufe der Zeit aufgebrachten Schichten die originale rot-weiße Bemalung der Außenfassade wieder zum Vorschein kam. Nach Wiederherstellung des historischen Farbkonzepts präsentiert sich das Rathaus außen wieder in neuem alten Glanz. Innen erlebt es zusammen mit weiteren historischen Gebäuden der Rathausgasse sein Comeback als Stadtzentrum.

gerer Zeit wurde ersichtlich, dass Hans Behaim, dessen Geburtsort nicht bekannt ist, vor seiner Anstellung ab 1490 in Nürnberg in gleicher Funktion in Sulzbach tätig war. Zeitlich würde dies genau zur Bauzeit des Weißbeckhauses passen. Vergleiche mit Baustil und Ausstattung der von Hans Behaim belegtermaßen in Nürnberg errichteten Gebäude, zusammen mit einer genauen wissenschaftlichen Datierung des Weißbeckhauses erhärten diese Annahme.

Der Name »Weißbeck« geht auf einen späteren Besitzer um 1906 zurück. Die ursprünglichen Besitzer zur Zeit der

Erbauung konnte man bis heute nicht identifizieren. Nur das Allianzwappen am über Eck gestellten Erker weist auf sie hin. Man geht davon aus, dass es im Lauf der Zeit auch bei diesem Gebäude immer wieder zu Umgestaltungen, zum Beispiel an der Treppengiebel-Fassade, gekommen war. Seit Fertigstellung der jüngsten Sanierung in den Jahren 1987 bis 1990 befinden sich im Obergeschoss heute mehrere Wohnungen. Im Erdgeschoss laden eine Bäckerei und eine Metzgerei zum Einkauf an historischem Ort ein.

Seit ungefähr 1430/31 war auch das Langhaus der dreischiffigen Stadtpfarrkirche St. Marien im Wesentlichen fertiggestellt, architektonisch zwischen Hallenkirche und Basilika einzuordnen. Die kurz danach entstandenen Familienkapellen entlang der Seitenschiffe wiederum werden ebenfalls als Werk Hans Behaims angenommen.

Oberbayerisches Zwischenspiel

Für Sulzbach, immer noch in der Rolle als Pfandschaftsgebiet, waren die Jahre bis zum Beginn des 16. Jhs. eine Zeit, in der verschiedene Regenten der Wittelsbacher – mal von pfälzischer, mal von bayerischer Seite – sich abwechselnd als Stadtherren die Klinke in die Hand gaben. Schließlich war seit 1459 der oberbayerische Herzog Albrecht III. neuer Stadtherr. In der Vergangenheit hatte er bereits mehrmals mit der Pfälzer Verwandtschaft um eine Rücklösung des Sulzbacher Pfandschaftsgebiets verhandelt. Doch erst mit finanzieller Unterstützung des niederbayerischen Herzogs Ludwig des Reichen gelang ihm schließlich der Rückerwerb.

Zum neuen Landesherrn pflegte man ein gutes Verhältnis. Als einzige Stadt des Nordgaus gehörte Sulzbach den Landständen des oberbayerischen Herzogtums an und sandte Abgeordnete in dessen Landschaftsausschuss: Adelige und geistliche Gutsbesitzer sowie die Vertreter der Städte und Märkte verhandelten hier mit dem Herzog um Privilegien und Steuern. Das spätere Engagement der Stadt Sulzbach im Landshuter Erbfolgekrieg an der Seite des oberbayerischen Herzogs gegen dessen

Festmeile beim jährlichen Altstadtfest: Am rechten Bildrand grüßt das stolze Weißbeckhaus mit seinem markanten Treppengiebel die Besucher.

niederbayerische und pfälzische Vettern lässt sich wohl durch diese Verbundenheit erklären.

Bedingt durch die Hochphase des Bergbaus und der damit verbundenen wirtschaftlichen Blüte, war Sulzbach zweifellos zur bedeutendsten Stadt in der Region geworden. Dies führte in den folgenden Jahren dazu, dass man sich am königlichen Hof in Prag an die ehemalige Zugehörigkeit der Stadt zu Böhmen erinnerte. Zu dieser Zeit regierte dort der polnische Jagiellonen-König Vladislav II. Er wandte sich in Verhandlungsabsicht um dieses Gebiet an die oberbayerischen Herzöge. Mehrere Treffen zwischen bayerischen und böhmischen Räten verliefen ohne Erfolg. Doch blieb der Anspruch Böhmens auf das Sulzbacher Land auf der politischen Tagesordnung weiterhin bestehen – bis an der Wende zum 16. Jh. ein anderes Ereignis entscheidend wurde für die weitere Geschichte der Region: der Landshuter Erbfolgekrieg.

Zeitenwende: Zwischen Pfalz und Bayern

Wittelsbacher Hausverträge

Aufgrund der Wittelsbachischen Hausverträge war Bayern ab dem 14. Jh. in vier Teilherzogtümer geteilt. Residenzstädte waren München, Ingolstadt, Landshut und Straubing. Die jeweiligen Herzöge gerieten untereinander und mit den verwandten Vettern in der Pfalz immer wieder um Nachfolgefragen in Streit, besonders dann, wenn in der jeweiligen Linie keine männlichen Erben vorhanden waren.

Die Herzöge von München und Landshut hatten nach dem Ende des Hauses Straubing 1429 dieses Gebiet unter sich aufgeteilt. Das Ingolstädter Erbe hatten die Reichen Herzöge von Landshut 1447 für sich eingenommen. Der Münchner Herzog Albrecht III. wurde übergangen, er verzichtete jedoch auf eine Auseinandersetzung. Noch 1475 war das Verhältnis der beiden Familien so gut, dass der Münchner Albrecht IV. bei der Vermählung des Landshuter Prinzen Georg mit Hedwig von Polen – heute als »Landshuter Hochzeit« bekannt – zu Gast war, genauso wie Kaiser Friedrich III. Dies änderte sich allerdings grundlegend mit der Annäherung Albrechts an die Habsburger, spätestens seit seiner Heirat mit der Kaisertochter Kunigunde. Als wiederum Jahre später absehbar wurde, dass der Landshuter Herzog Georg keinen männlichen Erben haben würde, setzte dieser die Pfälzer Wittelsbacher testamentarisch als Nachfolger in seinen Ländereien ein: Denn seine Tochter Elisabeth war mit Rupprecht, dem Sohn des Pfälzer Kurfürsten Philipp des Aufrichtigen, verheiratet. Dies war ein klarer Bruch der Wittelsbacher Hausverträge, nach denen Albrecht IV. von München der nächste Erbe gewesen wäre.

Als Herzog Georg 1503 starb, beanspruchten sowohl die Pfälzer als auch die Oberbayern das Landshuter Erbe. Der Streit eskalierte zu einem folgenschweren Krieg.

Der Drache Ystorion begleitet heute die Besucher auf dem Geschichtspfad im Stadtgraben zwischen Wallmauer und Zwinger.

Belagerung im Landshuter Erbfolgekrieg

In die schweren Kämpfe geriet ab 1504 auch Sulzbach, als »oberbayerische Enklave« Herzog Albrechts IV. nördlich der Donau. Da Amberg und Umgebung der Rheinpfalz angehörten, war man umringt von feindlichem Gebiet. Verbündet waren die Pfälzer außerdem mit Böhmen. Oberbayern hingegen wurde unterstützt von den Truppen Kaiser Maximilians I., aber auch von der Reichsstadt Nürnberg. Die Scharmützel vor Ort wurden von heimischen Söldnern ausgetragen. Trotz einer erneuten Auseinandersetzung um die Schifffahrtsrechte auf der Vils, hatten die Sulzbacher Bergbaubetriebe die Amberger mittlerweile wirtschaftlich wieder überflügelt. Dies wurde dort mit Neid

SULZBACHER LANDRICHTER UND ROSENBERGER BURGHERREN

Untrennbar verbunden sind die Ereignisse um die Belagerung der Stadt Sulzbach bis heute mit dem Namen der adeligen Landrichterfamilie Stiber. 1495 hatte Albrecht Stiber Burg und Gut Rosenberg von seinem Schwager Heinrich von Schaumburg erworben. Ursprünglich aus der Bamberger Gegend stammend, war Stiber seit 1502 Sulzbacher Landrichter und Landpfleger. In dieser Funktion hatte er vermutlich bei Ausbruch des Landshuter Erbfolgekriegs die militärische Vorgehensweise in Sulzbach noch organisiert. Aber kurz vor Beginn der Belagerung starb er am 8. August 1504.

Sohn Sebald wurde Nachfolger seines Vaters als Landrichter und Pfleger, aber auch als verantwortlicher Stratege bei der Verteidigung. Unterstützt wurde er vom Rat der Stadt. So berichtet Johannes Braun in seiner Chronik: »Daher ließ der Pfleger von Sulzbach die Stadt in Eil verproviantieren, teilte die Bürgerschaft in etliche gewisse Rotten, hielt gute Wacht [...] und bestellete alles zum besten, vermahnete die Bürgerschaft, daß sie einander sollten getreulich beistehen [...].«

Nach Sebastian, der 1505/06 seinem Bruder als Landrichter nachfolgte, sind die Stiber noch bis mindestens 1542 als Burgherren von Rosenberg belegt, bevor sie das Gut an die Adelsfamilie Erlbeck verkauften.

Der lokale historische Verein Stiber-Fähnlein bewahrt mit seinem Namen die Erinnerung an die denkwürdigen Ereignisse von 1504.

gesehen. Mit gezielten Angriffen auf die Erzgruben wollte man nun die Sulzbacher wirtschaftlich empfindlich schwächen.

Doch es kam noch schlimmer: Eine mehrwöchige Belagerung durch Amberger Truppen brachte Sulzbach an den Rand des Untergangs. Während des Kampfs gegen die feindlichen Besatzer im August und September 1504 wurde die Lage in der Stadt immer aussichtsloser. Vor allem die Lebensmittelvorräte wurden knapp, man stand kurz vor dem Aufgeben. Im letzten Moment eilten der Kaiser und seine Truppen von Nürnberg aus zu Hilfe. Eine kluge Taktik zusammen mit dem Mut der Verteidiger zwang die Besatzer schließlich zum Rückzug.

Albrecht Stiber, seine Frau Veronika und sein Sohn Wolf wurden in der Rosenberger Kirche St. Johannis bestattet. Ihre Epitaphien sind dort erhalten geblieben.

Bereits zur Zeit der Hussitenkriege war die Sulzbacher Stadtbefestigung mit einer Zwingermauer ausgebaut und verstärkt worden. Außerdem war der Wehrgang architektonisch verbessert worden. Jetzt rüstete man die Anlage ein weiteres Mal auf: Eine Erweiterung der Torhäuser und der Bau von Basteien (festungsähnliche Vorbauten) an verschiedenen Stellen der Wehrmauer sollten eine feindliche Einnahme erschweren.

Kölner Spruch

Im Süden Bayerns tobte der Krieg weiter. Die letzten Kampfhandlungen fanden im Februar 1505 bei Vilsbiburg statt. Bereits während des Versuchs Albrechts IV., im August 1504 die Stadt Landshut einzunehmen, war Rupprecht der Tugendhafte von der Pfalz an der Weißen Ruhr verstorben. Einige Wochen später, im September, war auch dessen Gattin Elisabeth der gleichen Krankheit erlegen. Zurück blieben die minderjährigen Söhne der beiden, Ottheinrich und Philipp.

Nach Friedensverhandlungen durch Vermittlung des Kaisers erhielt Herzog Albrecht IV. von Oberbayern-München im Kölner Spruch im Juli 1505, wie im Hausvertrag vorgesehen, das Herzogtum Niederbayern-Landshut. Für das nunmehr vereinigte Herzogtum Bayern erließ er 1506 das Primogeniturgesetz: Es legte fest, dass Bayern von nun an nicht mehr geteilt werden durfte und dass der jeweils männliche Erstgeborene dem Vater als Regent nachfolgen sollte. Dies brachte Herzog Albrecht IV. den Beinamen »der Weise« ein.

Für seine Unterstützung erhielt Kaiser Maximilian I. aus dem Besitz der Wittelsbacher beispielsweise Rattenberg, Kitzbühel und Kufstein. Nürnberg durfte seine im Krieg eroberten Gebiete behalten, darunter die bedeutenden Ämter Altdorf, Hersbruck und Lauf aus dem Sulzbacher Landgerichtsbezirk.

Die verwaisten Enkel des letzten Landshuter Herzogs erhielten als Entschädigung das neu geschaffene Fürstentum Pfalz-Neuburg. Dieses auch »Junge Pfalz« genannte neue Territorium wurde aus Gebietsteilen sowohl der Pfalz als auch Oberbayern-Münchens und Niederbayern-Landshuts zusammengefügt, mit Neuburg an der Donau als Residenzstadt. Die ehemaligen wittelsbachischen Pfandschaftsgebiete im Oberpfälzer Raum (neben Sulzbach beispielsweise auch Burglengenfeld, Schwandorf, Kallmünz, Regenstauf, Hemau, Velburg, Floß, Vohenstrauß, Parkstein und Weiden) bildeten einen der nicht zusammenhängenden Gebietsblöcke des neuen Fürstentums. Für die erst zwei- beziehungsweise dreijährigen Brüder sollte ihr Onkel, der spätere Pfälzer Kurfürst Friedrich II., als Vormund die Regierung übernehmen. 1508 trat der erste Landtag der Pfalz-Neuburger Landstände zusammen. Wie alle anderen Mitglieder bekam auch Sulzbach, vertreten durch zwei Ratsmitglieder als Abgeordnete, alle seine früher erhaltenen landesherrlichen Privilegien bestätigt.

Frühe Neuzeit: Halsgericht und Hofmark

Reformation und Glaubenswirren

Mit Erreichen der Volljährigkeit 1523 übernahmen die Brüder Ottheinrich I. und Philipp zwar zunächst gemeinsam die Regierung in Pfalz-Neuburg, doch versuchte Philipp sein Glück auswärts im Krieg – gegen die Türken bei Wien sogar durchaus erfolgreich. Nach seiner Rückkehr drängte er Ottheinrich zur Teilung des Fürstentums. Wegen seiner großen Schulden musste Philipp allerdings seinen Anteil wieder zurückgeben und zog sich verarmt von den Regierungsgeschäften zurück. Unglücklich, da auch seine Heiratspläne gescheitert waren, und schwer krank starb Philipp 1548.

Das Land stand mittlerweile im Zeichen konfessioneller Auseinandersetzungen. Denn seit der Veröffentlichung seiner 95 Thesen 1517 hatte der Reformator Martin Luther immer mehr Anhänger für seine Lehre gewonnen, bei den Fürsten ebenso wie im einfachen Volk.

Als junger Regent hielt sich Ottheinrich I. zunächst fern von den Protestanten, sah er doch die Ursache für die Erhebungen und Unruhen der Zeit wie den Bauernkrieg in Luthers Predigten. Doch eine eingehendere Beschäftigung mit der neuen Lehre ließ ihn umdenken. Schließlich bekannte er sich zur Reformation und suchte die Aufnahme in den Schmalkaldischen Bund der protestantischen Fürsten. Mit Erlass vom Juni 1542 führte Ottheinrich I. die lutherische Lehre in seinem Fürstentum ein. Ungefähr ein Jahr später, im Juni 1543, hielt der einstige Augustinermönch Stephan Agricola (eigentlich Stephan Kastenbauer) in Sulzbach den ersten evangelischen Gottesdienst. Erfolglos wehrte sich der damalige Pfarrherr Paul Hirschbeck gemeinsam mit seinem Stadtprediger gegen die neue Kirchenordnung.

Ottheinrich hatte sich zunächst für die eher gemäßigte »fränkische« Richtung entschieden, bei der einige Elemente

der katholischen Liturgie, »die dem Evangelium nicht wider-
sprachen«, beibehalten wurden. Die radikalere »schwäbische«
Richtung sah dagegen eine völlig neue Kirchenordnung vor.
Trotzdem änderte sich die kirchliche Situation in Sulzbach
grundlegend.

Bisher waren insgesamt bis zu 17 Geistliche für die Seelsorge in den örtlichen Kirchen zuständig: der Stadtpfarrer,
zwei Kapläne, ein Prediger, der Schloss- und der Spitalgeist-
liche sowie bis zu elf Benefizianten für die Messstiftungen. Die
Geistlichen, die den Wechsel nicht mitvollziehen wollten,
wurden jetzt ihres Amts enthoben und vertrieben. Eingezogen
wurden mit der neuen Kirchenordnung die Messstiftungen.
Sie wurden zusammengefasst in der »vacierenden (nicht besetzten) Messstiftung«, deren Erträge zukünftig hauptsächlich
der Sozialpflege und dem Schulwesen dienen sollten. Letztendlich blieben für Pfarrkirche und Spitalkirche mit Stadtpfarrer,
Prediger und zwei Diakonen (statt ehemals Kaplänen) nur vier
Stellen übrig. Die beiden ältesten Kirchen Sulzbachs, die ehemalige Burgkirche St. Nikolaus und die bisherige Friedhofskirche St. Leonhard gleich neben der Stadtpfarrkirche, waren bis
auf Weiteres stillgelegt worden. Da der bisherige Gottesacker
um die Pfarrkirche zu klein geworden war, war zudem bis
1537 außerhalb der Stadtmauer ein neuer Friedhof mitsamt der
Kapelle St. Georg angelegt worden.

Dass Wallfahrtskirchen jetzt ebenso Einbußen erlebten,
musste auch das nordwestlich von Sulzbach gelegene Sankt-
Anna-Kirchlein im Peutental hinnehmen. Ursprünglich byzantinischen Ursprungs, kam die Verehrung der Heiligen
Anna vielleicht über Bertha, die als Kaiserin den Kontakt nie
abreißen ließ, ins Sulzbacher Land. Da die Großmutter Jesu
auch als Patronin der Bergleute gilt, ist es nicht verwunderlich,
dass sich hier bereits im Mittelalter ein reges Wallfahrtsge-
schehen entwickelt hatte. Die um 1300 gebaute Kapelle war bis
weit über die Grenzen hinaus bekannt. Selbst vatikanische Do-
kumente berichten über die Bedeutung dieses Wallfahrtsorts,
und entsprechend weit her kamen die regen Pilgerströme. Der
Landshuter Erbfolgekrieg hatte zwar schwere Verwüstungen
hinterlassen, doch belegen Kirchenrechnungen bis kurz vor

der Reformation eine weiterhin lebhafte Wallfahrt. Auch das zerstörte Gnadenbild war 1520 neu gestiftet worden. Jetzt wurde die dortige Priesterstelle aufgelöst. Bis 1560 gab es noch einzelne protestantische Gottesdienste, doch versiegten die Pilgerströme mehr und mehr. Das Kirchlein wurde schließlich stillgelegt. Seitdem war es dem Verfall preisgegeben.

Auswirkungen hatte die neue Kirchenordnung nicht nur auf die Liturgie, sondern ganz speziell auch auf die Kirchenmusik. Mehrstimmigkeit und vermehrte Instrumentalmusik, nicht nur auf der Orgel, verliehen der Gestaltung des Gottesdienstes neue Akzente. Mit Liedern in deutscher statt lateinischer Sprache konnten sich die Menschen identifizieren. Zuständig für die liturgische Musik waren weiterhin Lehrer und Lateinschüler, doch erhielt der Kantor einen gewichtigeren Stellenwert.

Für Ottheinrich I. selbst blieb die Lage in finanzieller Hinsicht schwierig: Er hatte zusätzlich zu seinen eigenen Schulden seinerzeit auch die seines Bruders mit übernehmen müssen. Um den endgültigen Ruin abzuwenden, wurde die Verwaltung Pfalz-Neuburgs den Landständen übertragen. Zur Begleichung der Schulden begann man, überall im Land Kirchenschätze zu veräußern. Der Einzug und Verkauf von sämtlichen Monstranzen, Kelchen und anderen Kleinodien aus den Kirchen im Sulzbacher Raum beispielsweise brachte einen Erlös von 1.000 Gulden. Durch Zahlung einer Ablösesumme von 800 Gulden direkt an die Neuburger Landstände versuchte man 1545, wenigstens die Kunstschätze der Stadtpfarrkirche zu erhalten, doch letztendlich konnten nur zwei Kelche gerettet werden. Trotz dieser Maßnahmen musste Ottheinrich die Stadt Sulzbach schließlich zusammen mit Parkstein und Weiden an den Pfälzer Kurfürsten verkaufen und bis 1546 an die Kurpfalz übergeben. Er zog sich in dieser Zeit nach Heidelberg, später nach Weinheim, zurück.

Nach kriegerischen Auseinandersetzungen Kaiser Karls V. gegen die protestantischen Schmalkaldener Verbündeten ging die »Junge Pfalz« für Ottheinrich komplett verloren. Erst durch eine Abmachung im Passauer Vertrag 1552, der eine erste Anerkennung der protestantischen Reichsfürsten darstellte, bekam Ottheinrich sein inzwischen re-katholisiertes Fürstentum zurück, darunter auch Sulzbach.

Nach dem Tod seines ehemaligen Vormunds Friedrichs II. wurde Ottheinrich I. 1556 dessen Nachfolger als pfälzischer Kurfürst in Heidelberg. Wie Johannes Braun in seiner Nordgauchronik berichtet »kam Churfürst Ott-Heinrich und mit ihm Herzog Wolfgang von Zweibrücken, Amberg. Statthalter, von Amberg aus nach Sulzbach, die Huldigung daselbst von denen Untertanen einzunehmen«. In einem feierlichen Zeremoniell folgte die Übergabe »der Stadt Sulzbach Schlüssel zu den 4 Toren«, anschließend wurde zu einem festlichen Mahl im Rathaus geladen. Mit Sprechen der Eidesformel huldigten Rat und Bürger der Stadt Sulzbach dem neuen Kurfürsten. Abschließend wurden die hohen Gäste nochmals fürstlich bewirtet, bevor sie am nächsten Tag Richtung Vilseck weiterreisten.

In seinen Ländereien hatte Ottheinrich sofort nach seiner Rückkehr den Protestantismus wieder zur verbindlichen Konfession gemacht. Und als neuer Kurfürst führte er jetzt auch in der Pfalz Luthers Lehre ein. Dabei ging er nun viel rigoroser vor.

Seit 1555 galt der Grundsatz »Cuius regio eius religio« des Augsburger Religionsfriedens, demzufolge der Landesherr die Religion seiner Untertanen bestimmte. Ottheinrich erließ dieses Mal eine verschärfte Kirchenordnung mit Bilderverbot. Alle Bilder und Heiligenfiguren sowie Seitenaltäre mussten aus den Kirchen entfernt werden, kein »unnötiger Prunk und Schmuck« sollte von den Predigten ablenken. Nur Kruzifixe und Altarbilder, die den Heiland darstellten, durften bleiben. Jährliche Visitationen durch Superintendenten sollten die Einhaltung der Kirchenordnung überwachen. Noch vorhandene Schmuckgegenstände wurden dabei immer wieder beanstandet. Da sich in Sulzbacher Kirchen bis heute einige spätgotische Heiligenfiguren befinden, sind die sakralen Gegenstände wahrscheinlich hier nicht vollständig zerstört worden. Manches wurde lediglich in die stillgelegte Friedhofskapelle weggesperrt.

Da Ottheinrichs I. Ehe mit Susanna, der Tochter Herzog Albrechts IV., kinderlos geblieben war, hatte er sein Fürstentum Pfalz-Neuburg bereits vor seinem Tod durch eine Schenkung seinem ebenfalls lutherischen Vetter Pfalzgraf Wolfgang von Zweibrücken vermacht. Dieser hatte ihn mehrmals mit einem Darlehen unterstützt. Es war der Wunsch Ottheinrichs,

OTTHEINRICHS REISEALBUM

Einer Reise Ottheinrichs I. durch seine Ländereien ist die erste bekannte Ansicht der Stadt Sulzbach (vgl. Covermotiv) zu verdanken. Der Pfalzgraf brach Ende November 1536 in Neuburg auf. Die Reiseroute führte über die heutige Oberpfalz und das heutige Ostdeutschland nach Böhmen und Schlesien. Ziel der Reise sollte der polnische Königshof in Krakau sein. Nach drei Monaten kehrte Ottheinrich Ende Februar 1537 wieder in seine Residenz zurück. Ein Künstler, der nicht näher bekannt ist, hat die einzelnen Reisestationen in Skizzen festgehalten. Insgesamt 50 aquarellierte Stadtansichten finden sich in diesem Album: neben Krakau, Prag, Leipzig, Berlin und Neuburg an der Donau auch Bilder von Sulzbach, Vilseck und Kastl. Bei vielen der Orte stellen sie, wie im Falle Sulzbachs, die älteste bekannte Ansicht überhaupt dar. Die jeweilige Umgebung oder Landschaft wurde in künstlerischer Freiheit gestaltet. So finden sich auf manchen Blättern zwei oder mehr Orte, bei denen die Perspektive nicht immer exakt wiedergegeben ist. Die Darstellung der »Skyline« der Städte und Märkte hingegen stimmt mit der historischen Wirklichkeit überein. So auch im Falle Sulzbachs: Der Betrachter erhält ein sehr reales Bild von der Gesamtanlage der Stadt, von Burg, Pfarrkirche (noch mit gotischem Spitzhelm), Rathaus und Stadtmauer am Übergang zur Neuzeit.

dass die »Junge Pfalz« lutherisch bleiben sollte. Die Kurpfalz ging nach seinem Tod 1559 an die calvinistische Linie Pfalz-Simmern über.

Unter Pfalzgraf Wolfgang kam es zur Einrichtung von Deputatfürstentümern, die verwaltungs- und verfassungsrechtlich weiterhin von Pfalz-Neuburg abhängig waren. Mit eigener Hofhaltung in (Neben-)Residenzen sollte seinen jüngeren Söhnen ein standesgemäßes Leben ermöglicht werden, während der älteste Sohn Philipp Ludwig den Vater als nächster Pfalzgraf von Neuburg beerben sollte. Nach dem Tod der Regenten sollten die Teilgebiete wieder an Pfalz-Neuburg zurückfallen. Ebenfalls vorgesehen als neue Residenzstadt war Sulzbach. 1582 zog Pfalzgraf Ottheinrich II. als neuer Regent in sein Deputatfürstentum ein. Ganz dem neuen Zeitgeschmack

entsprechend veranlasste er den Umbau der Burg zum Schloss:
Der Kanzlei-Flügel wurde errichtet und der große Saal des Palas umgestaltet. Beide Gebäude erhielten markante sechseckige Treppentürme.

Wirtschaftlicher Niedergang

Nach dem Landshuter Erbfolgekrieg hatte sich der Sulzbacher Bergbaubetrieb noch einmal erholen können. Bis zu 1.400 Gulden jährlich konnten in dieser Phase erwirtschaftet werden. Das Eisenblech, das aus Sulzbacher Erz hergestellt wurde, war bis jetzt überall im Land ein gefragter Artikel. Doch kündigten sich schon bald die ersten Vorboten eines wirtschaftlichen Niedergangs an. Einige der bisherigen Bergwerksunternehmer zogen sich zurück, denn ein sich abzeichnender Umsatzrückgang machte neue Investitionen schwieriger. Manche Gruben mussten sogar geschlossen werden. Die Amberger Betriebe konnten dagegen wieder an Fahrt gewinnen, auch mit qualitativ ergiebigerem Erz. Sie waren aufgrund der Lage an der Vils ohnehin in einer besseren Position. Ottheinrich II. plagte, ähnlich wie seinerzeit den ersten Ottheinrich, eine große Schuldenlast. Dadurch war er als Landesherr nicht in der Lage, die Stadt Sulzbach zu unterstützen. Im Gegenteil – er dachte sogar an einen Verkauf von Sulzbach und von Parkstein-Weiden an die Pfälzer. Kapitalistisches Gewinnstreben erlangte zudem immer mehr die Oberhand. Notfalls war man bereit, dafür über Leichen zu gehen. Kleinere Rückschläge und größere Unglücksfälle, wie zum Beispiel ein Brand im Bergwerk, Probleme mit dem Wasserhaushalt in den Gruben oder Überfälle taten ein Übriges. Von dieser ungünstigen Situation sollte sich Sulzbachs Bergbauwirtschaft nicht mehr wirklich erholen können.

Für die junge Residenzstadt, als einer der Hauptanteilseigner der Bergbaubetriebe, wurde die Schuldenlast immer drückender. Der Erzabbau war nicht das einzige Verlustgeschäft dieser Zeit: Die Zolleinnahmen wurden weniger, anderweitige Zahlungen waren ebenfalls noch nicht abgeschlossen, die erwähnte Ablösesumme für die Kirchenschätze zum

Beispiel. Zusammen mit noch nicht beglichenen Kriegskosten beliefen sich die Schulden der Stadt bis 1588 auf 71.000 Gulden. Das Hilfsgesuch, mit dem man sich an Pfalzgraf Ottheinrich wandte, endete in einem noch größeren Desaster für die Stadt: Der Pfalzgraf gewährte zwar zunächst – gegen Pfandgüter beziehungsweise Kauf von Stadtbesitz wie zum Beispiel der Grafmühle – 20.000 Gulden Vorschuss. Doch nur ein Teil der Objekte gehörte tatsächlich der Stadt. Dies machte Ottheinrich schließlich misstrauisch: Er kündigte das Darlehen wieder. Letztendlich forderte Ottheinrich die Herausgabe der Stadtkammerrechnungen. Diese legten ihm Misswirtschaft und leichtfertigen Umgang mit öffentlichen Geldern durch Stadtrat und Bürgermeister offen. Daraufhin ließ Ottheinrich 1591 den gesamten Rat absetzen. Vorher hatte er bereits die Bürgermeister Albrecht Lenzendorffer, Adam Schwarz und Leonhard Wallater mit ihrem eigenen Hab und Gut für den Schaden haften und ins Lochgefängnis der Stadt sperren lassen. Der Bergbaubetrieb kam mehr oder weniger zum Erliegen.

Verwaltung und Gerichtsbarkeit

Der verantwortungslose Umgang mit öffentlichen Geldern ließ Bürgermeister und Rat der Stadt Sulzbach in recht ungünstigem Licht erscheinen. Ob die Ursache eher Nachlässigkeit war oder Inkompetenz, bleibt unklar. Die Folgen dieser Finanzaffäre jedoch waren eindeutig: Die Verantwortlichkeiten von Stadtrat und Bürgermeister wurden zugunsten der landesherrlichen Macht empfindlich eingeschränkt.

Zum Geltungsbereich der städtischen Verwaltungs- und Gerichtshoheit gehörte ursprünglich nur das sogenannte Burggeding, das heißt, die innerhalb der Stadtmauer liegende Fläche mit unmittelbarem Vorstadtgebiet. Später kamen ein ungefähr 1,5 Kilometer breiter Streifen umliegenden Landes, die stadteigenen Güter auf dem Land, Sondergüter wie die Spitalstiftung und die Landgüter der Bevölkerung dazu. Diese bestand aus Bürgern mit Bürgerrecht und ihren Familienangehörigen, Inwohnern ohne Bürgerrecht, die ebenso ständig in der Stadt lebten, außerdem den Handwerksgesellen, Knechten und Mägden sowie den Bewohnern der Landgüter. Konstant zwischen 1.700 und 1.800 Menschen lebten bis Ende des 18. Jhs. in Sulzbach. Selbst ein Einbruch der Bevölkerungszahl im Jahr 1634 durch fast 1.200 Pesttote (zum Vergleich: 152 Sterbefälle 1633) konnte in kurzer Zeit durch eine hohe Geburtenrate und gleichzeitig niedrige Säuglingssterblichkeit wieder ausgeglichen werden. Neben dem Bergbau war vor allem die Landwirtschaft der städtischen Ackerbürger und Landbauern die Haupterwerbsquelle in Sulzbach. Größere Berufsgruppen in Handwerk und Handel stellten die Bäcker und Metzger, Schuster, Schneider, Weber und Lederer, Schmiede und Hafner, Zimmerer und Büttner, Gastwirte und Kramer dar.

Als regelmäßig wiederkehrende Abgaben an den Landesherrn hatten die Sulzbacher Bewohner eine Stadtsteuer zu leisten, die von der Gemeinde als Ganzes erbracht wurde. Dazu kamen Grundzinsen für Grundstücke in der Stadt, Standgeld für Verkaufsstände auf den Märkten, Abgaben für den Betrieb der Erzgruben und Warenzölle. Sonderleistungen wie zum Beispiel das Stellen von Truppenkontingenten waren in Kriegszeiten verpflichtend. In den landesherrlichen Gärten mussten Scharwerksdienste geleistet werden. Neben Krautgärten sind für diese Zeit auch Weingärten in Sulzbach belegt.

Landesherrliche Behörden

Das Vitztumsamt Sulzbach als administrative, richterliche und militärische Vertretung des Landesherrn, existierte seit dem 14. Jh. Es wurde erst unter dem oberbayerischen Herzog Albrecht IV. Ende des 15. Jhs. endgültig aufgelöst. Die Verwaltung wurde zunächst dem bayerischen Rentmeisteramt in Burglengenfeld unterstellt. Mit Entstehen der »Jungen Pfalz« wurde dann die Regierung in Neuburg an der Donau die zuständige Verwaltungsbehörde für Sulzbach. Nach Übernahme der Regentschaft Ottheinrichs II. in Sulzbach wurde in der neuen Residenzstadt eine eigene Regierungsbehörde mit Hofkanzlei und Hofrat geschaffen, und zwar nach dem Vorbild der Neuburger Regierung. Die Beratungen des Hofrats, unter Vorsitz des Kanzlers, bildeten fortan die Grundlage für Regierungsbeschlüsse. Für die Finanzverwaltung gab es keinen eigenen Kammermeister, wie sonst üblich. Auch dieses Ressort fiel in den Bereich des Hofrats; ein Kammerschreiber führte die Hofkammerrechnungen.

War das Hofratsgremium eine Art Mittelbehörde zwischen Landesherr und Rat der Stadt, so hatten Landpfleger und Landrichter die Stellung einer Unterbehörde.

Die Ursprünge des Sulzbacher Landgerichtsbezirks gehen bis auf das Grafschaftsgericht der Sulzbacher Grafen zurück. Dieses war nach dem Übergang auf die Wittelsbacher 1305 in seinen Grenzen erhalten geblieben. Ebenfalls seit dieser frühen Zeit ist ein Pflegamt Sulzbach belegt, das hingegen eher die Gebiete des Hirschberger Erbes umfasste. Deshalb deckten sich die Grenzen der beiden Ämter nicht wie sonst üblich: Der Landgerichtsbezirk Sulzbach umfasste mehrere Pflegamtsbezirke. Erst im 16. Jh., als die Landgerichte in den Machtbereich des pfalzgräflichen Landesherrn übergingen, wurden die Bezirksgrenzen identisch.

Die Aufgaben von Landrichter und Landpfleger wurden in Sulzbach von nur einem Beamten wahrgenommen – obwohl es sich eigentlich um zwei Ämter handelte. Dieser hatte somit administrative und richterliche Funktionen zugleich. Unterstützt wurde er von Landschreiber und Unter-Richter. Seit dem 14. Jh. waren die Verwaltungsangelegenheiten so umfangreich geworden, dass der Bereich der Finanzverwaltung komplett abgetrennt und dem Landschreiber übertragen worden war.

Hohe Gerichtsbarkeit

Bereits seit dem Mittelalter wurde in der Rechtsprechung unterschieden zwischen Hoch- und Niedergericht. Die »Formel von den drei Sachen« legte drei Gegenstände für die Hohe Gerichtsbarkeit (auch Blut- oder Halsgericht genannt) fest, nämlich Diebstahl, Totschlag und Notzucht. Zuständig für das Hochgericht war ausschließlich der Landesherr beziehungs-

ARBITER PATIENTER AVDIT BENIGNE RESPONDET REM IVSTE IVDICAT

Mahnung an den Landrichter.

weise sein Vertreter, der Landrichter. Dabei wurden grundsätzlich Adelige aus angesehenen Familien, wie der schon erwähnte Albrecht Stiber und seine Söhne, mit diesem Amt betraut.

Vor dem Landgericht Sulzbach wurden alle Straf- und Zivilsachen verhandelt, die nicht in die Kompetenz des Stadtgerichts fielen: im Zivilbereich Klagen, die Grund und Boden betrafen, bei Strafsachen alle gravierenden Delikte wie schwerer Raub oder Kapitalverbrechen.

Während des 16. Jhs. wurden die »Peinlichen Prozesse« (peinlich von lat. *poena* = Strafe, im Sinne von Pein, Qual, Folter) von den ordentlichen Verfahren herausgelöst und zu einem gesonderten Zuständigkeitsbereich des Landgerichts. Behandelt wurden hier besonders schwere Delikte, Verfahren, »die zum Tode ziehen«. Der Landrichter wurde dazu befugt durch Erteilung der Blutbannleihe durch den Landesherrn. Als Grundlage für diese Verfahren diente die von Kaiser Karl V. erlassene Peinliche Gerichtsordnung »Constitutio Criminalis Carolina« von 1532. Diese gestattete in den einzelnen Territorien ausdrücklich Sonderregelungen nach örtlichen und traditionellen Gepflogenheiten. Die Folge waren regionale Rechtsordnungen so wie die Sulzbacher Halsgerichtsordnung. Vermutlich ist diese unter maßgeblicher Beteiligung des Landrichters Ulrich Sitzinger entstanden. Sitzinger, geboren 1525, war zuvor Kanzler in Neuburg. Seine Amtszeit in Sulzbach ist sicher belegbar für die Jahre 1562/63, weshalb man hier die Entstehungszeit für die Sulzbacher Gerichtsordnung vermutet. Ulrich Sitzinger war möglicherweise noch länger Landrichter in Sulzbach. 1564 erwarb er die Hofmark Holnstein, westlich von Sulzbach gelegen, wo er 1574 starb. Bestattet wurde er in der Friedhofs-

PEINLICHER PROZESS

An der Wand der ehemaligen Landrichterstube im Sulzbacher Rathaus ist eine lateinische Inschrift erhalten geblieben, die den Richter aufforderte, geduldig zuzuhören, gütig zu antworten und gerecht zu urteilen. Das galt für alle Verfahren, aber besonders für Peinliche Prozesse, ging es doch hier um Leben oder Tod.

Die Sulzbacher Halsgerichtsordnung war im gesamten Landgerichtsbezirk gültig. Prozessort war ausschließlich Sulzbach. Die Durchführung eines Verfahrens folgte genau festgelegten ritualhaften Abläufen und Spruchformeln, unterteilt in zwei Hauptabschnitte. Die Delinquenten waren während dieser Zeit im Lochgefängnis inhaftiert, durchschnittlich 14 Tage.

Der erste Teil, das Untersuchungsverfahren unter Vorsitz des Landrichters oder seines Vertreters, des Unter-Richters, hatte zum Ziel, gegebenenfalls unter Folter, ein Geständnis vom Angeklagten zu erhalten. Dieser Teil war nicht öffentlich. Als zweiter Abschnitt schloss sich daran der »Endliche Rechtstag«. Zunächst wurde, ebenfalls nicht öffentlich, im Rathaus das Urteil gefällt, in der Regel das Todesurteil. Dies war ausschließlich die Aufgabe der Urteiler, auch Schöffen genannt: Sie mussten aus dem Sammelbecken des gängigen Rechtsempfindens das passende Urteil »schöpfen«. Dieses wurde anschließend öffentlich in Anwesenheit des Angeklagten verkündet. In der Regel kam es sofort zur Vollstreckung durch den Scharfrichter, auch Henker oder Nach-Richter genannt. Erst 1801 wurden in Sulzbach die Peinlichen Prozesse endgültig abgeschafft.

kirche St. Georg. Heute befindet sich sein Epitaph in der evangelischen Christuskirche.

Niedere Gerichtsbarkeit

Für alle zivilen Streitigkeiten zwischen Bürgern, zum Beispiel die Erzgruben betreffend, und für alle Strafsachen, die nicht vom Landgericht behandelt wurden, wie Raufereien, Beleidigungen oder Körperverletzungen, war das Stadtgericht verantwortlich. Dieses ist als ordentliches niederes Gericht für Sulzbach erstmalig im Grundprivileg von 1305 belegt. Der räumliche Zuständigkeitsbereich erstreckte sich auf das Stadtgebiet und die zugehörigen Stadtgüter auf dem Land. Zeitweise gab es Kompetenzstreitigkeiten zwischen Land- und Stadtgericht um das Burggeding. Bis zum 15. Jh. führte der Landpfleger auch den Vorsitz bei Stadtgerichtsverhandlungen. Ab 1450 ist erstmals der Vorsitz eines Bürgermeisters belegt. Zuständig für die Urteilsfindung waren auch hier die Urteiler bzw. Schöffen, in der Regel Ratsmitglieder.

Zuständig für alle Vergehen, die gegen die Gesetzgebung des Stadtrats verstießen, wie leichtere Körperverletzungen, Feld- und Gartendiebstähle sowie Zechschulden, war das Ratsgericht. Dieses hatte außerdem Kompetenzen ähnlich heutiger Nachlassgerichte oder Notariate, also Testamentsangelegenheiten oder Beurkundungen von Kaufverträgen.

Meist wurden bei niederen Gerichtsverfahren Geldstrafen verhängt, die in die Stadtkasse flossen. Daneben gab es verschiedene Leibesstrafen. Im Falle einer Gefängnisstrafe saßen die Verurteilten nicht im Lochgefängnis ein. Dafür gab es andere Örtlichkeiten wie den Zipfelturm, die Alte Fronfeste oder Zellen im Turm des Rosenberger Tors. Prangerstrafen wurden, zum Beispiel bei Beleidigungsdelikten, mit der »Halsgeige« vollzogen. Bei nicht normgerecht hergestellten Lebensmitteln wurde der Delinquent mit dem »Bäckerkorb« im Stadtweiher untergetaucht. Wirtshausverbote gab es vor allem bei Trunkenheit. Bei Streitereien gab es zudem die Möglichkeit, eine Art Vergleich zu erwirken.

Konnten die städtischen Organe hinsichtlich der Gerichtsbarkeit zunächst relativ unabhängig handeln, mussten sie seit dem Finanzskandal von 1591 Kompetenzbeschneidung und größere Einflussnahme durch den Landesherrn hinnehmen.

Städtische Behörden

Erstmals ausdrücklich belegt ist der Rat der Stadt Sulzbach im Grundprivileg der Herzöge Ludwig IV. und Rudolf I. von 1305:

»Die burger solen auch under in acht man nemen, die irs rates pflegen [...]«.

Seit dem 14. Jh. war in Städten und Märkten die Einrichtung einer Bürgervertretung üblich. Durch die wachsenden Einwohnerzahlen wäre es zu umständlich gewesen, immer alle Bürger zu Versammlungen zu berufen. Aus dem gleichen Grund wurde später zum eigentlichen »Inneren Rat« zusätzlich der »Äußere Rat« geschaffen. 1368 ist ausdrücklich ein Innerer Rat mit ursprünglich acht Mitgliedern in einer Sulzbacher Urkunde belegt, ein Bürgermeister wird erstmalig 1395 erwähnt.

Bei der Ratswahl alljährlich im Frühjahr wurden nur die vier Viertelmeister der vier Stadtteile Markt, Neustadt, Bühl und Bach von der wahlberechtigten Bevölkerung direkt gewählt. In mehreren Wahlgängen wählten die neuen Viertelmeister aus der Bevölkerung die weiteren Mitglieder (Höchstzahl: 23) des neuen Äußeren Rats. Dieser wiederum wählte aus dem Kreis des bisherigen Inneren Rats vier Bürgermeister, die sich vierteljährlich in der Amtsführung abwechselten. In einem weiteren Wahlgang bestimmten diese, ebenso aus dem alten Inneren Rat, ihre vier Stellvertreter, die Sequentes. Diese acht wählten gemeinsam fünf Schöffen aus den bisherigen Ratsgremien, die damit den Inneren Rat mit 13 Mitgliedern komplettierten.

Zu den Aufgaben des Inneren Rats gehörte, neben der Verwaltung des städtischen Finanzwesens, die Aufsicht über das Vermögen von Kirchen- und Spitalstiftung und die Pfründe der Geistlichen. Dazu kam die Regelung des Sicherheits-, Gesundheits- und Bauwesens, des Brandschutzes und der Polizeigewalt. Die Festlegung der Satzungen und Normen für die Stadtbewohner lag ebenso in Händen des Rats wie die Pflege der Beziehung zum Landesherrn und zu anderen Kommunen. Im Bergbauwesen wurde er immer mehr zur übergeordneten Instanz. Die gerichtlichen Befugnisse wurden bereits genannt. Der Äußere Rat hatte als Vermittler zwischen Bürgerschaft und Innerem Rat vor allem beratende und kontrollierende Funktion. Versuche, diese Stellung auszuweiten, blieben erfolglos.

Der Magistrat war auch Anstellungsbehörde für weitere Stadtbedienstete: Der Stadtschreiber, zuständig für das kommunale Schriftwesen und für Gerichtssachen, unterstand ihm genauso wie Stadtknecht, Türmer, Torwächter, Bau- und Stadtmeister, Spitalmeister, Förster, Stadtmüller, Kirchendiener und Schulmeister. Die Aufgaben eines Stadtkämmerers oder Kirchenpflegers wurden den Ratsherren selbst übertragen.

Die Aufdeckung der finanziellen Misswirtschaft des Rats durch Ottheinrich II. hatte Auswirkungen auf alle folgenden Ratswahlen. Der Landesherr musste jetzt grundsätzlich bei allem um Erlaubnis gefragt werden. Unliebsame Ratsmitglieder konnte er entfernen. Die Handlungskompetenz des Stadtrats wurde auch im Verwaltungsbereich stark eingeschränkt. Auf jede Entscheidung durfte die Regierung des Pfalzgrafen Einfluss nehmen. Den Bürgern wurde Beschwerdeführung bei der Regierung ermöglicht. Der ehemals weitgehend autonome Rat war mehr oder weniger nur noch bloße Ausführungsbehörde der fürstlichen Landesregierung.

Rosenberg als Hofmark

Das Nachbardorf Rosenberg befand sich Anfang des 15. Jhs. als Pfandschaftsgebiet in Händen des Adeligen Jörg Zenger von Velburg (heute Landkreis Neumarkt i.d.OPf.). Bereits damals verfügte dieser innerhalb des Guts über landesherrliche Rechte wie zum Beispiel die Gerichtsbarkeit. Zur Zeit des oberbayerischen Herzogs Albrecht III. hatte sich für Rosenberg rechtlich nichts verändert. Allerdings war man jetzt an die Familie Kemnater verpfändet, die schon seit längerer Zeit Grundbesitzer und Pfleger dort waren. Unter Herzog Albrecht IV. von Oberbayern-München kam es zur Umwandlung in eine Hofmark, das heißt in eine Grundherrschaft mit landesherrlichen Rechten. Zuvor hatten die Kemnater bereits Teile ihres Rosenberger Güterbesitzes an Veit von Schaumburg abgetreten. 1481 erwarb dieser von Herzog Albrecht IV. Burg und zugehörigen Grundbesitz mit allen landesherrlichen Privilegien der nunmehrigen Hofmark. Diese umfasste neben der Burg zwei Höfe, 14 Güter, ein Wirtshaus und weitere Anwesen. Insgesamt 23 Familien zählten als Einwohner Rosenbergs. Die Stiber als Nachfolger der Schaumburg und ihre tragende Rolle als Landrichter im Landshuter Erbfolgekrieg wurden bereits erwähnt. 1542 erließ Pankraz Stiber noch eine erste Gemeindeordnung für den Ort, die unter anderem die Nutzung der Gemeindegründe regelte, bevor die Hofmark Rosenberg vermutlich noch im selben Jahr an die Familie Erlbeck weiterverkauft wurde. Nach dem Tod des letzten Erlbeck, Wolf des Jüngeren, fiel die Hofmark 1584 an Pfalzgraf Ottheinrich II.

Nach dem Übergang der Hofmark an die Schaumburg waren einige Güter weiterhin als lehenbarer Besitz in Händen der Kemnater verblieben, das sogenannte Landsassengut der Kemnater. 1587 verstarb mit Leonhard der letzte Kemnater. Nachdem zu dessen Lebzeiten seine Güter zunehmend verschuldet waren, wurden auch diese an Pfalzgraf Ottheinrich II. verkauft. Mit dem Status eines fürstlichen Privatbesitzes wurde Rosenberg fortan von Sulzbacher Regierungsbeamten verwaltet.

Der dritte Gebietskomplex, das Hammergut am Rosenbach, konnte noch bis zu Beginn des 17. Jhs. wirtschaftlich sehr ertragreich in der bisherigen Form weitergeführt werden. An die bedeutendsten Hammerherrenfamilien dieser Zeit erinnern heute die Sauerzapf- und die Dolesstraße.

Die spätgotische Kirche St. Johannis in Rosenberg gehörte ursprünglich zur Pfarrei Ammerthal, genauso wie die Kapelle St. Barbara in Siebeneichen. Letztere hatte sogar eine eigene Kaplanei. Dagegen wurde St. Johannis von Siebeneichener oder Sulzbacher Benefizianten mitversorgt.

Nach dem Tod Ottheinrichs I. war Ammerthal als Teil der Kurpfalz calvinistisch geworden. Der strenge Lutheraner Ottheinrich II. wollte dies für seine Gebiete auf keinen Fall. Deshalb wurde die Rosenberger Kirchengemeinde 1587 zu einer eigenen, lutherischen, Pfarrei erhoben. Das Siebeneichener Benefizium war nach Einführung der Reformation aufgelöst und eingezogen worden. Seit 1587 gehörte die dortige Kapelle, in der immer seltener Gottesdienste stattfanden, zur Sulzbacher Pfarrei.

Fürstenzeit: Residenzschloss und Hammerschloss

Barocke Hofhaltung

Nicht nur in Sulzbach mussten zu Beginn des 17. Jhs. der Rat der Stadt und seine Behörden Kompetenzeinschränkungen durch den Landesherrn hinnehmen. Die machtpolitische Schwächung der Städte und Märkte war eine allgemeine, überregionale Erscheinung dieser Zeit. Auf der anderen Seite demonstrierten die Landesherren mit glanzvollen Residenzen und prunkvoller Hofhaltung das Erstarken ihrer Macht. Im beginnenden Barock-Zeitalter war das Weltbild der Menschen ein völlig anderes als noch im Mittelalter: Das Rittertum erlebte seinen Niedergang; Burgen, die der Verteidigung gedient hatten und deshalb in die Höhe gebaut worden waren, waren Vergangenheit. Jetzt wollte man repräsentieren und sich selbst darstellen, mit in die Weite gebauten Schlössern. Dabei diente der »Sonnenkönig« Ludwig XIV. von Frankreich mit seiner prächtigen Residenz als Vorbild. Heute würde man ihn vermutlich einen »Influencer« nennen: Architektur, Mode und der gesamte Lebensstil von Versailles wurden quer durch Europa von Fürsten kopiert.

Das Deputatfürstentum Sulzbach war 1604 nach dem Tod Ottheinrichs II. zunächst wieder an Pfalz-Neuburg zurückgefallen, wo sein Bruder Philipp Ludwig noch bis 1614 regierte. Nachfolger wurde dessen ältester Sohn Wolfgang Wilhelm. Die jüngeren Söhne erhielten mit der Erbeinung von 1615 »Unterherrschaften«, Johann Friedrich in Hilpoltstein und August in Sulzbach. Innerhalb der Grenzen ihres Territoriums hatten sie bis zu einem gewissen Maß alle Rechte eines Landesherrn, blieben aber noch abhängig von Neuburg.

Gegenreformation und Kriegswirren

Pfalzgraf Augusts Deputatfürstentum war keine zusammen-
hängende Gebietsfläche, sondern mit dem Landgerichtsbezirk
Sulzbach, der Herrschaft Breitenstein, dem Pflegamt Floß, dem
Gericht Vohenstrauß und der Hälfte des Amts Parkstein-Weiden aus eher verstreut liegenden Teilen zusammengesetzt.

Oberste Regierungsbehörde für Verwaltung, Justiz und Re-
ligionsangelegenheiten blieb das Hofratskollegium mit Kanzler,
Vizekanzler, Hofmeister und zwei Sekretären. Für die Finanzen
gab es ab 1616 eine eigene Sulzbacher Rechenkammer. Im
18. Jh. wurden beide Behörden zusammengelegt. Landpfleger,
Landschreiber und Landrichter unterstanden weiterhin als landesherrliche Unterbehörden für Verwaltung, Steuererhebung
und Rechtspflege dem Pfalzgrafen, ebenso wie weitere Beamte, zum Beispiel Forstmeister oder Zollbeamte. Auch die Struktur der städtischen Behörden mit Bürgermeister, Viertelmeister und Magistrat änderte sich nicht.

Nach Übernahme der Regierung in Sulzbach ließ Pfalzgraf
August ab 1618 weitere bauliche Veränderungen am Schloss

vornehmen, auch vor dem Hintergrund, dass er bald heiraten würde. Seiner Braut, Hedwig von Holstein-Gottorf, verwandt mit dem dänisch-schwedischen Königshaus, wollte er einen stattlichen Wohnsitz bieten. Im Zuge dieser Baumaßnahmen wurden die Schlossgebäude auf heute sichtbare Ausmaße erweitert und der als August-Flügel bekannte Teil errichtet. Dazu musste der große romanische Wohnturm der ehemaligen Burg weichen. Die Schlosskapelle, seit Einführung der Reformation nicht mehr genutzt, ließ August wiederherstellen. Sie sollte in der Folgezeit ein zentraler liturgischer Ort werden.

Die Vermählung des Brautpaars wurde im Sommer 1620 im norddeutschen Husum gefeiert. Augusts Gemahlin wurde danach in Sulzbach mit allen Ehren von Adel und Rat der Stadt empfangen und von der Bevölkerung freudig begrüßt. Sieben Kinder sollte das Paar bekommen. Geprägt wurde die Regierungszeit des Pfalzgrafen August vor allem durch die weiteren Glaubenswirren und das angespannte Verhältnis zu seinem Bruder Wolfgang Wilhelm in Neuburg. Auf lange Sicht war Augusts Ziel deshalb ein selbstständiges Sulzbacher Fürstentum.

Nachdem sich unter seinem Vater die lutherische Konfession in Pfalz-Neuburg etabliert hatte, wurde es kompliziert, als Wolfgang Wilhelm 1613 (zunächst heimlich) zum katholischen Glauben konvertierte. Ebenso wie dessen Heirat mit der Schwester des bayerischen Herzogs Maximilian I. bedeutete dies eine Annäherung des Pfalzgrafen an die Verwandtschaft in München. Erst viel später gab er – sehr zur Enttäuschung des Vaters – seinen Glaubenswechsel öffentlich bekannt. Gerne hätten es Wolfgang Wilhelm und Maximilian gesehen, wenn auch die Brüder August und Johann Friedrich konvertiert wären. Doch als überzeugte Protestanten weigerten sich beide.

Seit 1618 eskalierte überall im Land die Situation zwischen den Konfessionen zu kriegerischen Auseinandersetzungen, die Europa in den nächsten 30 Jahren in Atem halten sollten. Pfalzgraf August, der sich offen zu den protestantischen Ständen bekannte, wollte seine Stadt nicht kampflos den herannahenden Truppen überlassen. Außerdem verbat er sich eine weitere Einmischung seines Bruders in Sulzbacher Angelegenheiten.

Dadurch war das Verhältnis zu Wolfgang Wilhelm noch angespannter geworden. Mehrfach bat August andere Fürsten um Hilfe. Der Hofprediger und Chronist Johannes Braun berichtet von einer dadurch veranlassten Reise Augusts 1625 nach Holstein zur Familie seiner Frau. Bei seiner Rückkehr nach Sulzbach wurde der pfalzgräfliche Tross bei Vilseck von einem heftigen Gewitterhagel überrascht, was Braun als böses Omen für drohendes Unheil wertete. Tatsächlich sollte Augusts Familie Sulzbach bald verlassen müssen.

Unter Führung des leitenden Neuburger Regierungsbeamten Simon von Labrique kam es ab 1627 zu gewaltsamen gegenreformatorischen Maßnahmen. Rigoros untersagte dieser im gesamten Fürstentum Sulzbach evangelische Gottesdienste, auch in der Stadtpfarrkirche St. Marien. Pfalzgraf August widersetzte sich auf seine Weise: Auf sein Geheiß wurde die Schlosskapelle St. Nikolaus zu einer Art Asylstätte. Regelmäßig füllte daraufhin eine große Menschenmenge Schlosskirche und Schlosshof, um mit Pfarrer Johannes Braun evangelische Gottesdienste zu feiern.

1629 wurde Pfalzgraf August von der gegenreformatorischen Seite aufgefordert, Sulzbach zu übergeben. Mehrere hundert Soldaten im Gefolge Simon von Labriques besetzten unter Kanonenfeuer die Stadt.

Seit geraumer Zeit schlossen sich die protestantischen Fürsten nun – nach dessen Kriegseintritt – dem schwedischen König Gustav II. Adolf an. Zum »Schutz der protestantischen Sache«, aber auch zur Sicherung seiner Interessen führte dieser erfolgreiche Kriegszüge gegen das kaiserliche Heer. Der Sulzbacher Pfalzgraf begab sich jetzt ebenfalls an die Seite des Schwedenkönigs. Zuvor jedoch brachte er seine Gemahlin und seine Kinder in Sicherheit, zunächst beim Bayreuther Markgrafen. Die Söhne sollten dann in Holstein, fernab vom Kriegsgeschehen, am Hof der Großmutter erzogen werden. Ein Besuch Augusts in Husum Ende 1631 war die letzte Begegnung mit ihnen. Die Rückkehr nach Sulzbach blieb ihm ebenfalls versagt. Im Sommer 1632 starb der Pfalzgraf an hohem Fieber. Auch der schwedische König wurde noch im selben Jahr tödlich verletzt.

HOFPREDIGER, PROFESSOR UND CHRONIST

Johannes Braun wurde 1581 in Sulzbach als Sohn des Sattlers Konrad Braun geboren. Nach einem Theologiestudium in Leipzig unterrichtete er ab 1605 an der Sulzbacher Lateinschule. 1607 bis 1612 wirkte er als evangelischer Prediger in Westböhmen, bevor er in seiner Heimatstadt Diakon wurde.

1616 gründete Pfalzgraf August in Sulzbach ein Gymnasium Illustre. Dazu ließ er das bisher als Lateinschule genutzte Gebäude hinter der Pfarrkirche ausbauen. Die Berufung erstklassiger Professoren verschaffte dieser Schule schon bald einen hervorragenden überregionalen Ruf, was durchaus auch ein wirtschaftlicher Faktor für die Stadt war. Denn die Schüler kamen aus Franken, Böhmen und Österreich, aus Holstein und Pommern, um in Fächern wie Theologie, Geschichte, Physik oder Mathematik unterrichtet zu werden. Öffentliche Vorlesungen (Lectiones publicae) für die Allgemeinheit erfreuten sich großer Beliebtheit. Pfalzgraf August selbst nutzte regelmäßig dieses Angebot.

1617 wurde Johannes Braun, mittlerweile Hofprediger, als Professor für Altphilologie am Gymnasium Illustre angestellt. Später war er außerdem zuständig für die Erziehung von Augusts Söhnen.

Im Zuge von Labriques Maßnahmen musste das Gymnasium Illustre schon 1627 wieder aufgegeben werden. Mit Androhung der Gefangennahme wurde Johannes Braun außerdem gezwungen, die Feier evangelischer Gottesdienst einzustellen. 1628 musste er schließlich Sulzbach ganz verlassen. Zunächst ging er nach Kulmbach, 1637 wurde er Pfarrer in Bayreuth, wo er 1651 starb. Mit der von ihm verfassten *Nordgauchronik* zur Geschichte Sulzbachs hinterließ er ein bleibendes Werk. Gewidmet hatte er diese 1648 abgeschlossene Chronik Pfalzgraf Christian August, dem Sohn und Nachfolger seines Dienstherrn.

Das Gebäude des ehemaligen Gymnasiums Illustre wird heute als katholisches Pfarrheim genutzt.

Wie überall im Land, griffen auch hierzulande Hunger, Krankheit, Elend und Not um sich. Die schwere Pestepidemie von 1634 wurde bereits erwähnt. Truppendurchzüge und Plünderungen hatten ebenso ihren Tribut gefordert, wie die Schikanen im Zuge der gewaltsamen Rekatholisierung. Nach Johannes Brauns Bericht war auch das Sulzbacher Schloss schwer beschädigt worden. Als die verwitwete Pfalzgräfin Hedwig später zurückkehrte, fand sie es »in einem elenden Zustand« vor.

Die erstrebte Unabhängigkeit hatte Pfalzgraf August zwar nicht erreichen können. Seine »Unterherrschaft« war aber auch nicht, wie noch eine Generation vorher, an Neuburg zurückgefallen. Die Nachfolge ging direkt auf seinen Sohn Christian August über. Pfalzgraf August gilt deshalb als Begründer des Wittelsbacher Hauses Pfalz-Sulzbach.

Toleranz und Gelehrtenhof

Als Christian August 1629 Sulzbach verlassen musste, war er erst 7 Jahre alt. Die Erfahrungen, die er als Kind während des Kriegs gemacht hatte, sollten sein Regieren später entscheidend prägen.

Noch zu Lebzeiten hatte Pfalzgraf August einen detaillierten Erziehungsplan für seine Söhne erstellen lassen, welcher jetzt die Grundlage für die Ausbildung des zukünftigen Sulzbacher Fürsten bildete. Auch die Vormundschaft hatte August im Falle seines vorzeitigen Ablebens geregelt: Sein Bruder Johann Friedrich von Hilpoltstein, sein Schwager Herzog Friedrich III. von Holstein-Gottorf sowie Markgraf Friedrich V. von Baden-Durlach sollten zunächst die Verantwortung übernehmen.

In Husum lernten Christian August und seine beiden jüngeren Brüder Johann Ludwig und Philipp dann schon sehr früh ein Klima der Toleranz und Weltoffenheit kennen, das sie bei ihrer weiteren Erziehung begleitete. Vor allem ihr Onkel Friedrich von Holstein-Gottorf und dessen Musenhof scheinen sehr prägend gewesen zu sein. Ab 1635 unternahm Christian August seine erste Kavaliersreise nach Frankreich und in die Niederlande. Bei diesen für junge Prinzen damals üblichen Reisen an andere Höfe sollten sie Gelegenheit bekommen, ihren Horizont zu erweitern und ihre Sprachkenntnisse auszubauen. Zeitweise hielt er sich als 16-jähriger Prinz auch in Sulzbach auf, um in seine zukünftigen Aufgaben als Landesherr eingeführt zu werden. Weitere Bildungsreisen führten ihn nach Frankreich und Italien, bevor er die endgültige Heimreise antrat. Sein Regierungsantritt 1645 fiel in die Zeit der beginnenden Friedensverhandlungen in Münster und Osnabrück nach fast 30 Jahren verheerendem Krieg.

Der wirtschaftliche Wiederaufbau des Landes wurde zu einem der Hauptziele des jungen Pfalzgrafen, ebenso wie Zugang zu Bildung für die Bevölkerung. Nichts verabscheute er so sehr wie den Krieg, er wollte ein friedliches Zusammenleben der Menschen. Er träumte davon, dass die christlichen Konfessionen sich eines Tages wieder vereinen würden. Für sich selbst wünschte er sich ein selbstständiges Fürstentum, unabhängig von Neuburg.

Eine weitere Reise hatte Christian August nach Stockholm geführt. Vor allem die Begegnung mit der schwedischen Königin Christina sollte seinen Glaubensweg beeinflussen. Aber auch sein Privatleben nahm dort eine Wende: Er lernte seine spätere Gemahlin Amalia Magdalena von Nassau-Siegen kennen, zu diesem Zeitpunkt bereits Witwe und Mutter. 1649 fand in Stockholm die Hochzeit statt. Vermehrt befasste sich der Pfalzgraf jetzt mit philosophisch-religiösen Themen. Mehr noch: Zweifel in Glaubensfragen und seine Sehnsucht nach Frieden zwischen den Konfessionen ließen ihn in eine regelrechte Krise geraten. Vor allem das streng exklusive Kirchenverständnis der Lutheraner und dessen Ausschließlichkeitsanspruch hatte er schon bei seinen Aufenthalten in Stockholm als sehr einengend empfunden. Christian August steigerte sich jetzt wohl so sehr in diese Themen hinein, dass sein engstes Umfeld dies als seltsames Verhalten und geistige Verwirrung wahrnahm. Man machte sich große Sorgen um den Pfalzgrafen. Sogar seine Mutter Hedwig wurde herbeigerufen. In Sulzbach vermutete man zunehmend, dass »falsche« Einflüsse wie der Kontakt zu Franciscus Mercurius van Helmont den Zustand des Pfalzgrafen immer mehr verschlimmerten.

Franciscus Mercurius van Helmont, geboren 1614 als Sohn des damals bekannten flämischen Arztes Jan Baptist van Helmont, und der junge Pfalzgraf hatten sich um 1650/51 kennen-

Pfalzgraf Christian August, 2. Hälfte 17. Jh. – Öl auf Leinwand
(Rathaussaal Sulzbach-Rosenberg).

gelernt. Beide hatten Kontakte zu denselben Kreisen, die die damals philosophischen und alchemistischen Strömungen repräsentierten. Das Interesse an eben diesen Denkrichtungen verband Helmont mit dem Sulzbacher Pfalzgrafen, ebenso wie ihre gemeinsame Vorliebe für die hebräische Sprache und Kultur. Dazu teilten beide die schmerzliche Erinnerung an den zurückliegenden Krieg. So ist es nicht verwunderlich, dass Helmont häufig am Sulzbacher Hof zu Gast war. Hier verfolgte man jedoch skeptisch die Veränderung Christian Augusts. Auch in Neuburg beobachtete man die Vorgänge um den Pfalzgrafen mit größter Sorge. Man ging hier sogar so weit, wegen Helmont das Inquisitionsgericht in Rom anzurufen, allerdings ohne Erfolg.

Jedoch war es nicht nur die Bekanntschaft mit Helmont, die Christian Augusts Beschäftigung mit den philosophischen Themen der Zeit beförderte. So pflegte der Sulzbacher Kanzler Johann Ernst von Rautenstein Kontakte zu Kreisen der Pansophie-Bewegung, die für eine allumfassende Wissenschaft in einem Gelehrten- und Friedensreich eintrat. Dazu gehörte zum Beispiel der Nürnberger Johann Abraham Poemer, ein konvertierter Katholik. Später wurde er Hofrat in Sulzbach und Erzieher der Kinder Christian Augusts. Poemer war bekannt mit den Schlüsselfiguren dieser Bewegung wie Johann Valentin Andreae: Der lutherische Theologe verfasste utopische und satirische Schriften mit Fokus auf Toleranz und Offenheit für Naturwissenschaften. Allen gemeinsam war die Ablehnung von »erstarrtem« Dogmatismus und die Idee, mit der Gründung von Gesellschaften eine geistige Elite zu schaffen. In geheimen Versammlungen wollte man philosophische Thesen unter Einbezug von Naturwissenschaft und Religion diskutieren. Der spätere »Gelehrtenhof« des Sulzbacher Pfalzgrafen ist sicherlich im Zusammenhang solcher Strömungen zu sehen.

Zunächst jedoch schuf Christian August klare Verhältnisse für sich und die politische Zukunft seines Fürstentums. Bei Abschluss des Westfälischen Friedens 1648 wurde überall im Reich der Bekenntnisstand gemäß dem Augsburger Religionsfrieden wiederhergestellt. Es galt weiterhin der Grundsatz

»cuius regio eius religio«: Der Landesherr bestimmte, welche Konfession in seinem Territorium exklusiv gelten sollte.

Für das Fürstentum Pfalz-Sulzbach war eine Regelung allerdings offengeblieben. Denn Christian August hatte sich anfangs für die Wiedereinführung des evangelischen Bekenntnisses eingesetzt. Bereits damals war die Einführung eines »Simultaneum religionis exercitium« (Gleichberechtigung der evangelischen und katholischen Konfession) vorgeschlagen worden. Dies lehnte der Pfalzgraf zunächst ab, gewarnt von seinen Beratern, nicht die »alleinige protestantische Wahrheit« zu opfern.

Seine persönliche Krise und die vermehrte Beschäftigung mit religiösen Themen, speziell dem Katholizismus und dem Judentum, unter anderem durch ausführliches Bibelstudium in der hebräischen Originalsprache, führten eine Wende herbei. Nicht religiöser Dogmatismus mit nur einer Wahrheit, sondern weltoffene Toleranz sollten in Zukunft sein Fürstentum prägen. Im Kölner Vergleich von 1652 konnte mit Einführung des Simultaneums eine Einigung mit dem Neuburger Pfalzgrafen erzielt werden: Die Menschen sollten ihr Bekenntnis frei wählen können. Jeglicher Kirchenbesitz sollte zwischen beiden Konfessionen geteilt und Kirchen, Friedhöfe und dergleichen gemeinsam genutzt werden. Weitere Glaubensgespräche überzeugten Christian August davon, dass er für sich selbst bei den Katholiken eher Toleranz und geistige Aufgeschlossenheit finden könnte als bei den – damals – dogmatischen Protestanten. So folgte der nächste Schritt: Christian August konvertierte zum Katholizismus, sehr zum Wohlgefallen Philipp Wilhelms. Dieser hatte zu jener Zeit noch keine Erben und hätte damit rechnen müssen, dass Pfalz-Neuburg eines Tages an die (protestantischen) Verwandten in Sulzbach fallen könnte. Dem Fürstentum Sulzbach brachte dieser Schritt mit dem 1656 geschlossenen Neuburger Hauptvergleich die lange ersehnte Unabhängigkeit. Aus Dankbarkeit darüber ließ der Pfalzgraf die Wallfahrt zu Ehren der Heiligen Anna neu begründen.

Unter dem Chor der Pfarrkirche St. Marien ließ Christian August bis 1661 einen Gewölberaum als pfalzgräfliche Begräbnisstätte für die Angehörigen des Hauses Pfalz-Sulzbach er-

WALLFAHRT ZUR HEILIGEN ANNA

Im Mittelpunkt der einstigen Pilgerstätte im Peutental stand das Gnadenbild *Sankt-Anna-Selbdritt* aus der Zeit um 1520, eine Darstellung der Heiligen Anna mit ihrer Tochter Maria und dem Jesuskind. Dieses fristete seit Pfalzgraf Augusts Zeiten sein Dasein in einer Abstellkammer im Schloss. Jetzt sollte es zu neuen Ehren kommen: Christian August ließ auf dem Sulzbacher Hausberg, dem Kastenbühl, eine Holzkapelle errichten und die Figur dort aufstellen. Die Heilige Anna wurde zur Patronin seines Fürstentums. Zukünftig sollten an ihrem Festtag, dem 26. Juli, Wallfahrtgottesdienste begangen werden. Seit Einführung des Gregorianischen Kalenders in Pfalz-Sulzbach 1655 fiel der Geburtstag des Pfalzgrafen auf dieses Datum, seine ganz persönliche Verbindung zur Großmutter Jesu. Die Kapelle inmitten freier Natur wurde für den immer größer werden Strom von Pilgern bald zu klein. Deshalb veranlasste Christian August 1676 die Errichtung einer größeren Kirche. Giovanni Rampino, ein damals bekannter Baumeister des italienischen Barock, sollte den Auftrag ausführen. Als Baumaterial verwendete man auch Steine der verfallenden Kirche im Peutental. Bei einer nochmaligen Erweiterung 1787 wurde lediglich die Apsis vom ersten Kirchlein übernommen. Das Langhaus, ein einschiffiger Gebäudekörper mit abgerundeten Ecken und Spiegelgewölben, entstand völlig neu.

Der Innenraum wurde im vorherrschenden Rokokostil mit toskanischen Doppelpilastern und Stuckelementen gestaltet. Optisch angepasst wurden auch der Hochaltar mit dem Gemälde *Mutter Anna lehrt Maria das Lesen der Heiligen Schrift,* die Seitenaltäre und die Kanzel. Der Bau des Turms 1827 und eine nochmalige Verlängerung 1903/04 verliehen der Kirche ihr heutiges Aussehen. Der Stifter der Kirche, Christian August, ist im Bogen über dem Chor mit einem Porträtbild verewigt.

1753 wurde etwas unterhalb der St. Annakirche die kleine Loreto-Kapelle errichtet. Im Wallfahrtsort Loreto an der italienischen Adriaküste wird seit dem Mittelalter das legendenhafte Elternhaus Mariens verehrt. Nach diesem Ort benannte Kapellen versinnbildlichen damit die Kindheit Mariens und den Ort der Verkündigung der Geburt Jesu. Kirche und Kapelle zusammen greifen somit ebenfalls das Motiv »Sankt-Anna-Selbdritt« auf.

Die einmalige Verbindung von religiös-geistiger Erbauung und barockem Kunstgenuss bei den Gottesdiensten zieht während der Festwoche auch heute noch alljährlich unzählige Pilger auf den Annaberg. Eine Budenstadt mit Biergarten-Flair unterhalb der Kirche lädt zum Verweilen bei kulinarischen Genüssen ein.

richten. Noch seine Mutter wurde in der Grablege der Neuburger zu Lauingen bestattet. Insgesamt 13 Familienmitglieder fanden bis 1794 in der Sulzbacher Fürstengruft ihre letzte Ruhe.

Als souveräner Landesherr war Pfalzgraf Christian August berechtigt, in seinem Fürstentum Landtage als Verhandlungsgremium mit den Landständen einzuberufen, was 1661 das erste (und einzige) Mal geschah. Die Landstände im Sulzbacher Fürstentum setzten sich im Wesentlichen zusammen aus Landsassen, die ein Gut im Umland besaßen, zum Beispiel Hofmarksherren. In der Regel waren das Adelige, aber auch verdiente Bürger konnten Gutsherren sein. Eine weitere Gruppe bildeten die Abgeordneten der Städte und Märkte. Geistliche Landstände, also zum Beispiel Klöster mit Gutsbesitz, gab es im Sulzbacher Land dagegen nicht.

Der Hofrat tagte seit 1659/60 in den Amtsräumen des soeben fertig gestellten »Regierungsgebäudes« am Marktplatz in Schlossnähe.

Um 1664 lernte Franciscus Mercurius van Helmont, vermutlich während einer Reise nach Amsterdam, den Leipziger Universitätsabsolventen Christian Knorr von Rosenroth kennen. Ähnliche wissenschaftliche Interessen und der Kontakt zu den gleichen philosophischen Kreisen verband die beiden. Helmont war es dann auch, der den Kontakt zum Sulzbacher Pfalzgrafen vermittelte und Knorr motivierte, sein Wirkungsfeld ab 1667/68 dorthin zu verlegen.

Mit seinem ökumenischen Denken war Christian August seiner Zeit weit voraus. Er ließ sich nicht nur von politischem Kalkül leiten. Echtes wissenschaftliches Interesse und große Weltaufgeschlossenheit motivierten ihn zu tolerantem Han-

Die Wallfahrtskirche St. Anna präsentiert sich anlässlich der alljährlichen Festwoche mit Fahnenschmuck.

deln. Ein konfessioneller Dogmatismus mit dem Anspruch auf die alleinige Wahrheit war ihm zuwider. Das Ziel der Wiedervereinigung der Christen blieb ihm letztendlich versagt, doch war Christian August mit seiner Toleranzpolitik unbestritten ein früher Aufklärer mitten in einer Epoche absolutistischer Monarchen.

Allerdings konnte der Pfalzgraf nicht vorhersehen, dass die Umsetzung des Simultaneums im Alltag ein ständiger Krisenherd mit täglichem Kleinkrieg und Eifersüchteleien zwischen den Konfessionen werden sollte: beispielsweise bei der Frage, wer wann Gottesdienst in der Kirche feiern durfte. Zu reichlicher Altarschmuck bei (katholischen) Festgottesdiensten, der eventuell nicht entfernt worden war, bot Anlass zu (protestantischer) Kritik. Auch bei der Gestaltung des Karfreitags wurde eine Einigung nötig: Die Protestanten begingen diesen hohen Festtag mit Glockengeläut, während bei den Katholiken die Glocken an diesem Tag der Grabesruhe stillstanden. Die Altarfrage wurde in der Pfarrkirche so geregelt, dass für die Protes-

MORGENGLANZ DER EWIGKEIT

Christian Knorr von Rosenroth wurde 1636 im schlesischen Alt-Raudten als Sohn eines lutherischen Pfarrers geboren. Bereits im Studium hatte er mehr als ein Fach belegt, unter anderem Theologie, Recht, Geschichte und Naturwissenschaft. Jetzt galt sein Interesse orientalischen Sprachen, vor allem dem Hebräischen und ganz speziell der jüdischen mystischen Lehre der Kabbala.

Nach seiner Ankunft in Sulzbach wurde Knorr hier bald sesshaft. 1668 heiratete er Anna Sophia Paumgartner. Ihre Familie gehörte zur Nürnberger Oberschicht und hatte das Gut Holnstein im Sulzbacher Land erworben. Insgesamt bekamen die Knorrs vier Kinder.

Im selben Jahr wurde Knorr von Rosenroth als Hof- und Kanzleirat eingeführt, zuständig für Lehensangelegenheiten, Finanz- und Steuersachen und für die in Sulzbach anzustellenden evangelischen Pfarrer. Ausdrücklich vermerkt seine Bestallungsurkunde, dass er seinen Dienstherrn Christian August wissenschaftlich zu beraten und die Kinder des Pfalzgrafen zu unterrichten hatte. 1679 erfolgte Knorrs Ernennung zum Kanzleidirektor.

Mit seiner Familie wohnte er direkt am Marktplatz (heute Anwesen Alte Hofapotheke). 1671 erwarb Knorr das Gut Högen und 1677 die Hofmark Albershof. Bis kurz vor seinem Tod 1689 war Knorr als Beamter in Sulzbach tätig. Beigesetzt wurde er in der Friedhofskapelle St. Georg, auf eigenen Wunsch ohne Epitaph.

Neben seinen beruflichen Aufgaben widmete sich Knorr der Wissenschaft und der Dichtkunst. Übersetzungen wie *Vom Aufgang der Artzney-Kunst* (*Ortus Medicinae* des Jan Baptist van Helmont) gehörten dazu, genauso wie seine hebräischen Forschungen. Oftmals verbarg er seine Autorenschaft hinter einem Pseudonym. Knorrs bedeutendstes Werk ist eine methodische Sammlung kabbalistischer Schriften über jüdische Mystik in Verknüpfung mit naturwissenschaftlichen Ideen in lateinischer Sprache, die *Kabbala Denudata* (*Enthüllte Kabbala*). Sein wohl bekanntester Text *Morgenglanz der Ewigkeit* aus dem Gedichte- und Liederzyklus *Neuer Helicon* ist heute in jedem Kirchengesangbuch zu finden.

Seit 1990 hat sich die Christian-Knorr-von-Rosenroth-Gesellschaft mit ihren jährlichen Tagungen zum Ziel gesetzt, die Erforschung von Knorrs Wirken im Umfeld des »Sulzbacher Gelehrtenhofs« in besonderer Weise zu fördern.

tanten ein zweiter Altar errichtet wurde, der einen Kurbelmechanismus besaß, um den oberen Teil einzufahren. Dies ermöglichte bei katholischen Gottesdiensten weiterhin die Sicht auf den Hochaltar.

Für einige Jahrzehnte gab es sogar zwei verschiedene Zeitrechnungen in Sulzbach: Nachdem der Pfalzgraf 1655 den Gregorianischen Kalender in seinem Fürstentum hatte einführen lassen, konnten die Protestanten erst um 1700 dafür gewonnen werden.

Nicht nur die christlichen Konfessionen waren gleichberechtigt, auch jüdischen Bewohnern erlaubte Christian August Ansiedlung und Religionsfreiheit. 1666 erhielt die erste jüdische Familie ein Aufenthalts-, Handels und Gewerberecht. In den folgenden Jahren sollte sich eine blühende jüdische Gemeinde entwickeln.

Dem Pfalzgrafen war es wichtig, die Ergebnisse der Forschungen an seinem Hof vor Ort drucken zu können. Abraham Lichtenthaler, Betriebsleiter der Nürnberger Druckerei Endter und Calvinist, gründete 1664 auf den Ruf Christian Augusts hin die erste Sulzbacher Druckerei. Eine weitere Offizin eröffnete 1683 der Lutheraner Johann Holst, einst Geselle bei Lichtenthaler. Hier hatte es 1669 bereits kurzzeitig einen jüdischen Setzer gegeben. 1684 gründete Moses Bloch einen eigenständigen hebräischen Betrieb. In Christian Augusts Todesjahr 1708 sollte Johann Georg Gallwitz, ein Katholik, noch eine vierte Druckerei eröffnen. Unter anderem Werke Christian Knorr von Rosenroths, wie der erste Teil der *Kabbala Denudata*, ebenso wie Talmud-Ausgaben, begründeten den Ruf Sulzbachs als überregional bedeutender Druck- und Verlagsort bis weit ins 19. Jh. hinein. Die unterschiedliche konfessionelle Ausrichtung belegt ein weiteres Mal eindrucksvoll die Toleranz des Pfalzgrafen.

1687/88 hielt sich Gottfried Wilhelm Leibniz mehrere Wochen in Sulzbach auf, um philosophische Themen zu diskutieren. Er hatte Kontakte zu den gleichen Gelehrten wie Helmont und der Sulzbacher Kreis; auch ihn bewegten ähnliche Ideen. »Zu Sulzbach bin angekommen […] finem anni 1687 […] Herr Rosenroth hat verschiedene dinge hierher nomine heraus geben als Cabala Denudata, pars primus […] Es wohnen ungefehr 20 verheurahtete Juden in Sultzbach, welche auch da eine Synagoge haben […]«, so notiert Leibniz in seinem Reisetagebuch.

Franciscus Mercurius van Helmont hatte sich wieder vermehrt auf Reisen begeben, blieb dem Zirkel um Christian August bis zu seinem Tod 1697 aber stets verbunden und kehrte immer wieder hierher zurück.

Anlässlich seines 50-jährigen Regierungsjubiläums 1695 lud Christian August betagte Bewohner seines Fürstentums zu einem Fest in Rathaussaal und Ballhaus ein. Dem Pfalzgrafen, so heißt es, war es ein Anliegen, möglichst mit allen Geladenen einige persönliche Worte zu wechseln.

Christian August starb 1708, 85-jährig nach über sechs Jahrzehnten Regierung. Bestattet wurde er in der Fürstengruft, gerühmt bei der Trauerfeier als »Unserer Zeiten Salomon«. Er hat viele bleibende Spuren hinterlassen und ist sicherlich ein würdiger Namensgeber des hiesigen Herzog-Christian-August-Gymnasiums.

Schulden und Exil

Christian August hatte seine Kinder sehr sorgfältig erziehen lassen. Tochter Amalia Sophia wurde Nonne. Ihre Schwester Maria Hedwig Augusta heiratete in das Haus Sachsen-Lauenburg ein. Eine Tochter aus dieser Verbindung wurde später die Ehefrau von Gian Gastone de Medici, dem letzten männlichen Vertreter seines Hauses. Sohn Theodor Eustach, der Erbprinz, konnte nach dem Studium in Salzburg und Einweisung in seine zukünftigen Regierungsaufgaben durch Knorr von Rosenroth wohl vorbereitet die Nachfolge seines Vaters antreten. Allerdings von ganz anderem Naturell und anderen Interessen, widmete er sich lieber der Mathematik, dem technischen

DAS SULZBACHER »ß«

Versuche, das »Esszett«, also die Kombination der Buchstaben s und z, in eine elegante Form zu bringen, hatte es schon länger gegeben, befriedigten aber nicht. Im Rahmen eines Übersetzungswerks Knorrs schließlich gelang es Lichtenthaler 1667, eine akzeptable Lösung zu finden. Die beiden Buchstaben wurden oben mit einem Bogen verbunden, im Prinzip so wie man heute das »ß« kennt. Wieder in Vergessenheit geraten, wurde es um 1820 von Jakob Grimm wiederentdeckt, dann aber wieder verworfen. Ab den 1870er-Jahren ließen die vielfältigen Gestaltungsversuche über 30 Varianten des »Esszett« entstehen. Um die Verwirrung aufzulösen, legte eine Kommission aus Buchdruckern, Schriftsetzern und Schriftgießern 1903 deutschlandweit die »Sulzbacher Form« als einheitlichen Standard fest. Für das kleine »ß« gilt dies bis heute, nicht aber für das 2008 eingeführte große »ẞ«.

Zeichnen und dem Festungsbau. So galt seine Kavaliersreise nach England und Frankreich der Besichtigung der neuesten festungstechnischen Errungenschaften. Glaubt man einem Bericht seiner Schwester Amalia Sophia in einem Brief an den Vater, glänzte er nicht immer durch Fleiß.

Im Juni 1692 vermählte sich der Sulzbacher Erbprinz Theodor Eustach mit Maria Eleonore von Hessen-Rheinfels-Rotenburg. Da die Hochzeit selbst nicht in Sulzbach gefeiert wurde, fand hier anschließend ein mehrtägiges Fest zum Empfang von Braut und Bräutigam statt, mit einem barocken Schauspiel als Höhepunkt. Barockes Theater lebte von perspektivischen Illusionen, auch in die Höhe und Tiefe, was sehr viel Platz beanspruchte. Im Schloss selbst gab es keinen Theatersaal. Um die dafür benötigte aufwendige Bühnentechnik gestalten zu können, wurde deshalb ein in pfalzgräflichem Besitz befindliches Gebäude zu diesem Zweck umgebaut. Zusammen mit den benötigten Kostümen, Masken, Textlibretti und Notenmaterial, mit der Bezahlung von Schauspielern, Musikern und Bühnenarbeitern war dies ein kostspieliges Unterfangen.

Ein weiterer Teil der Hochzeitsfeierlichkeiten fand im Ballhaus etwas unterhalb des Schlosses statt. Dieses hatte Pfalz-

**Pfalzgraf Theodor Eustach, 1. Hälfte 18. Jh. – Öl auf Leinwand
(Rathaussaal Sulzbach-Rosenberg).**

graf Christian August 1684 errichten lassen. Ursprünglich ein
Platz für Sport und Spiel (in Anlehnung an die Ritterturniere
im Mittelalter) wurden Ballhäuser im barocken Hofleben
später zu Orten für Tanz und andere Festlichkeiten. Nur eine
einzige Abbildung existiert von diesem ungefähr 25 m langen
und 10 m breiten, recketeckigen Gebäude. 1753 wurde es für
einen Klosterbau an dieser Stelle wieder abgebrochen.

Nach Aussagen von Zeitzeugen war auch der Sulzbacher Hofgarten eine sehr prächtige Anlage. Er erstreckte sich südöstlich vor den Stadtmauern auf einem flachen Areal bis über den Rosenbach hinaus. Erstmals urkundlich erwähnt wird dieser Garten 1629. Das genaue Jahr der Entstehung ist nicht bekannt. Bis Ende des 18. Jhs. wurde der Hofgarten immer wieder erweitert und verschönert. Jeweils nach dem sich wandelnden Zeitgeschmack konnte man darin streng gegliederte Beete und Wege finden, Wasserspiele und Fontänen, Plätze für Sport und Spiel, freie Rasen- und Obstbauflächen, Vogelvolieren, Orangerien für exotische Pflanzen, Statuen und dergleichen mehr. Nach Abbruch des Ballhauses wurde das Lusthaus im Hofgarten für Hoffeste genutzt.

Das Theaterfest anlässlich der Hochzeit Theodor Eustachs ist nur ein Beispiel dafür, wie teuer das barocke Hofleben dieser Zeit war. Auch Kriegskosten gab es noch abzutragen. Dazu kam 1714 der Erwerb der zweiten Hälfte des Gebiets Parkstein-Weiden, das zuvor mit Neuburg gemeinsam verwaltet wurde. Kurz: Die Regierungszeit des Pfalzgrafen Theodor Eustach zeigte sich überschattet von hohen Schulden.

Eigentlich war es Theodor Eustachs Ziel, die Wirtschaft im Fürstentum zu fördern. Stattdessen musste er aufgrund der Schuldenlast die Ausgaben drosseln und war zu maßvoller, bescheidener Hofhaltung gezwungen: Als sein Sohn – und Erbprinz – Josef Karl 1717 die Tochter des Pfälzer Kurfürsten heiraten sollte, wird von der Begegnung der Prinzessin mit ihren zukünftigen Schwiegereltern berichtet, »daß die Printzess, wie sie ihre Schwigereltern gesehen, hette sie sie so schlegt gefunden undt so ellendt undt wunderlich gekleydt, daß sie bitterlich drüber geweindt hatt«.

Trotzdem hat Theodor Eustach als Pfalzgraf auch in seine Stadt investiert: Er ließ den Wall, der die Stadtmauer im Norden und Osten umgab, mit einem Weg überbauen und mit Bäumen bepflanzen. Die Stadtbefestigung wurde zwar weiterhin unterhalten, aber ihre große Zeit als Verteidigungsanlage hatte sie hinter sich. Die Lindenallee auf der ehemaligen »Schanze« dient bis heute der Erbauung der Bevölkerung, so wie von Theodor Eustach beabsichtigt.

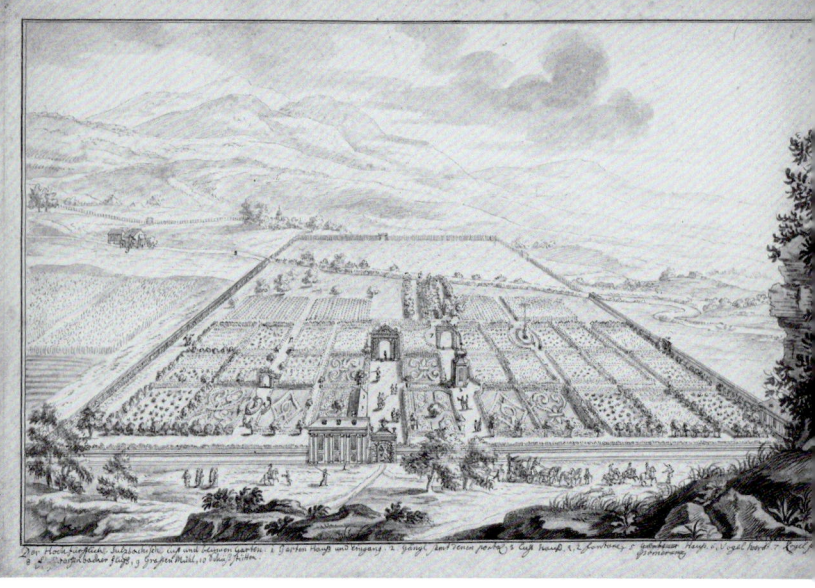

Der Sulzbacher Hofgarten um 1714 – Kupferstich. Nur noch die beiden Säulen des Eingangsportals sowie die Hofgartenstraße erinnern heute an die prächtige barocke Gartenanlage.

Bis zum Beginn der Reformation hatte die Pfarrkirche St. Marien ungefähr ihr heutiges äußeres Erscheinungsbild erhalten. Ein Turmeinsturz durch Blitzschlag 1552 hatte Reparaturen nötig gemacht. Die Nutzung als simultane Kirche seit 1653 hatte zwar einige Umgestaltungen wie den zweiten Altar erfordert. Doch größere bauliche Veränderungen des spätgotischen Kirchenraums hatte es insgesamt nicht mehr gegeben. 1691 führte dann aber ein weiterer Einsturz des Turms zu großen Schäden in Gewölbe, Schiff, Altarraum und Musikempore.

Im Zuge des Wiederaufbaus entschloss man sich, dem Innenraum ein neues, barockes Gesicht zu geben. Die bisherigen Seitenaltäre und die Kanzel übernahm man teilweise, optisch glich man sie aneinander an. 1701 erhielt die Kirche eine neue Orgel: Damit beauftragt wurde Elias Hößler. Gebürtig 1663 in Crimmitschau/Sachsen, war dieser seit einiger Zeit zu einem gefragten Orgelbauer im Nürnberger Raum und in der mittleren Oberpfalz geworden. Das Instrument für St. Marien, dessen Prospekt bis heute weitgehend erhalten ist, blieb nicht die einzige Arbeit Hößlers in Sulzbach. Es folgten 1732 Aufträge für die Wallfahrtskirche St. Anna (Prospekt auch hier erhalten) und 1743 für die Spitalkirche. Bis kurz vor seinem Tod 1746 – er lebte mittlerweile im Sulzbacher Spital – war Elias Hößler weiter als Orgelbauer tätig.

Der Hochaltar wurde 1710 neu errichtet, nach einem Entwurf und auf eigene Kosten des Pfalzgrafen Theodor Eustach. Für die Ausführung konnte er die Künstlerfamilie Asam gewinnen. Bereits zuvor hatte Theodor Eustach den Kontakt zu Hans Georg Asam brieflich hergestellt. Dieser hielt sich zunächst nur für einige Wochen in Sulzbach auf. Der Auftrag für das neue Hochaltarbild für die Stadtpfarrkirche bewog die Familie Asam schließlich zum dauerhaften Umzug.

Hans Georg Asam, geboren 1649 in Rott am Inn, absolvierte seine Ausbildung in Öl- und Freskomalerei unter anderem in Rom und Venedig. Er gehörte zur ersten Generation von Malern, die bei Deckengemälden die Technik der Perspektive einsetzten und bei der Farbgebung mit Lichteffekten spielten. So ist auch das Bildmotiv des neuen Hochaltars, die Himmelfahrt Mariens, von einem lebendigen Zusammenspiel der Farben getragen.

Vermutlich auch zu dieser Zeit entstand das Altarblatt der Spitalkirche. Einige Stilelemente sprechen für eine Gemeinschaftsarbeit Hans Georg Asams und seines Sohnes Cosmas Damian, dem späteren berühmten Barockkünstler. 1711, bei der Ausführung des Altarblatts für die Schlosskirche St. Nikolaus (Verbleib ungeklärt), starb Hans Georg Asam unerwartet und wurde an der ehemaligen Friedhofskapelle St. Leonhard bestattet. Eine Gedenktafel an der Pfarrkirche erinnert an den berühmten Maler.

Wenige Jahre nach Christian Augusts Tod hatte sich die religionspolitische Stimmung im Fürstentum zugunsten der Katholiken verschoben. Theodor Eustach und dessen Kinder waren streng katholisch erzogen worden. Wenn auch das Simultaneum im Alltag weiter gelebt wurde, konnte man doch herrschaftlicherseits eine Bevorzugung der Katholiken erkennen, bei der Besetzung wichtiger Beamtenstellen im Hofrat zum Beispiel.

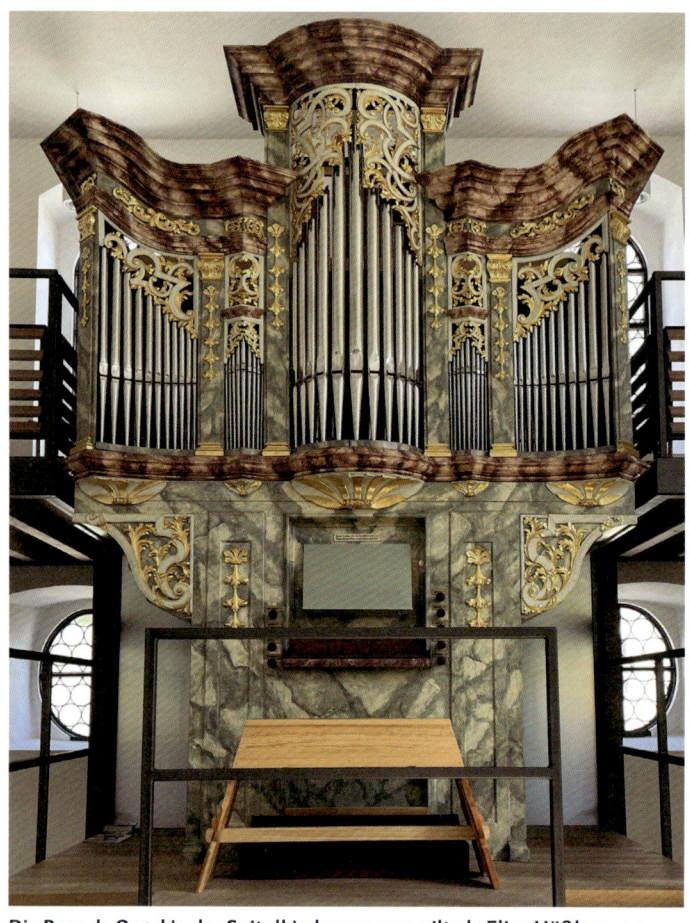

Die Barock-Orgel in der Spitalkirche von 1743 gilt als Elias Hößlers vorletztes Werk. Sie ist weitgehend erhalten und hat seit der Sanierung 2022 einen repräsentativen Platz gefunden.

Um seine Schulden abtragen zu können, führte Theodor Eustach Waffengeschäfte mit dem Kaiser in Wien. Produziert wurden Munition und Kanonenkugeln in Hammerphilippsburg, dem fürstlichen Hammerwerk in Rosenberg. Durch dunkle Kanäle und betrügerische Zwischenhändler gelangte ein Teil der Lieferung an die Erzfeinde des Kaisers, die Osmanen.

Beschuldigt wurde Pfalzgraf Theodor Eustach. Wohlwissend, dass ihn keine Schuld traf, verließ er trotzdem seine Residenzstadt und begab sich im September 1731 ins Exil nach Dinkelsbühl. In die nachfolgende Untersuchung und in eine etwaige Strafverhängung sollte die Stadt nicht mit hineingezogen werden. Die Unschuld Theodor Eustachs konnte schließlich bewiesen werden, er wurde rehabilitiert. Die Rückkehr nach Sulzbach blieb dem Pfalzgrafen dennoch verwehrt; er starb noch im Juli 1732 in Dinkelsbühl. Man überführte den Leichnam zunächst zur Siebeneichener St.-Barbara-Kirche, dann erst nach Sulzbach. Bis zur Bestattung in der Fürstengruft wurde der Verstorbene nicht, wie sonst üblich, in der Schlosskirche, sondern in einem Festsaal im Hofgarten aufgebahrt.

Hans Georg Asams Werk von 1710, die »Himmelfahrt Mariens«, steht symbolhaft für das Hoffen auf Auferstehung. Links und rechts wird es flankiert von den Namenspatronen des Pfalzgrafen, dem heiligen Theodor und dem heiligen Eustachius.

Hammerphilippsburg

Zu Beginn des 17. Jhs. hatte die Rosenberger Hammerherren-
familie Doles zunehmend mit Schulden zu kämpfen. Zudem
zwangen starre Bestimmungen der Hammereinung, die Mo-
dernisierungen erschwerten, schließlich zur Stilllegung des
Betriebs. Die Bemühungen des Sulzbacher Pfalzgrafen Christian August, das Hammerwerk zu erwerben, scheiterten zunächst. Im Glauben, der letzte Hammerherr Hans Sebastian
Doles hätte keine Nachfahren, wurde es vom Neuburger
Pfalzgrafen als Lehen eingezogen. Doch dann meldete sich
ein bis dato verschollener Erbe aus kaiserlichen Kriegsdiens-
ten zurück und meldete Ansprüche an. Nach mehrjährigen
Auseinandersetzungen einigte man sich 1655: Der Neuburger
Pfalzgraf Philipp Wilhelm überließ das Hammergut seinem
Sulzbacher Vetter, während der Doles-Nachfahre entschädigt
wurde. Somit befanden sich jetzt alle Rosenberger Güter im
Besitz der Sulzbacher Pfalzgrafenfamilie. Verwaltung und
Rechtspflege waren den fürstlichen Behörden in Sulzbach
unterstellt.

Christian August ließ das baufällige Hammerschloss in-
standsetzen. Dafür investierte er das Heiratsgut seiner Gemahl-
lin. Das Hammerwerk selbst wurde modernisiert. Damit gab
es in Rosenberg jetzt abermals ein herrschaftliches Gebäude,
genannt Hammerphilippsburg. Ob dafür Philipp Wilhelm
oder Christian Augusts jüngerer Bruder Philipp Pate stand, ist
ungeklärt.

In den folgenden Jahrzehnten wechselte die Nutzung des
Hammerwerks: Zunächst produzierte man weiterhin Schien-
und Stabeisen oder Kessel, Glocken, Öfen, Töpfe, Pflugscha-
ren, Schaufeln und Werkzeuge. Als Munitionsschmiede wurde das Werk schließlich Theodor Eustach zum Verhängnis.
Zeitweise befand sich das Hammergut im Besitz des Hofkanz-
lers Johann Georg Korb. Nach kurzen Zwischenepisoden als
Fayence-Manufaktur und als Papier-, Mahl- oder Gipsmühle
wurden die Gebäude nach einem Teileinsturz 1968 größten-
teils abgerissen. Der Straßenname Hammerphilippsburg ver-
weist heute auf das ehemalige Hammerschloss in Rosenberg.

FAYENCEN AUS ROSENBERG

Nach einer zeitweiligen Stilllegung des Betriebs in Hammerphilippsburg kam es dort 1752 zur Gründung einer Fayence-
Manufaktur. Der französische Begriff *fayence* leitet sich ab von
der italienischen Stadt Faenza. Bezeichnet werden damit Kera-
miken aus Ton ähnlich dem Porzellan, allerdings mit niedrigerer
Brenntemperatur hergestellt.

Die Ausgangsbedingungen schienen ideal zu sein: Der Hochofen des ehemaligen Hammerwerks war noch vorhanden, die
Erde der Gegend bestens für die Tonherstellung geeignet. Probleme beim Umbau führten aber schnell zu Streit unter den Be-
triebsgründern, die sich bald trennten. Ein Gutachten beschei-
nigte der Manufaktur einen zufriedenstellenden Zustand und
eine vielfältige Produktpalette: Diese reichte vom Kaffee- und
Teeservice über vielerlei Vasen, Figurinen, Tabakdosen bis hin
zu Bierkrügen, Blumenübertöpfen und mehr, von guter bis sehr
guter Qualität. 150 Stücke der Manufaktur Hammerphilippsburg lassen sich noch heute nachweisen.

Auch wenn immer wieder versucht wurde, mit Renovierungs-
maßnahmen und neuen Techniken eine qualitative Verbesse-
rung der Produkte zu erreichen, gelang es nicht, dauerhaft zu
expandieren und dem Werk überregionale Bedeutung zu verleihen. Was fehlte, war ein entsprechender, lukrativer Absatzmarkt. In Sulzbach und Umgebung gab es kaum Käufer
für hochwertige Fayencen. Mögliche Kundschaft aus anderen
fürstlichen Residenzen oder Reichsstädten waren zu weit weg
oder bedienten sich eher bei den großen Konkurrenzbetrieben
wie zum Beispiel in Bayreuth oder Ansbach. 1774 wurde die Manufaktur von der Regierung endgültig liquidiert.

Tod und Erbfolge

Nach dem Aussterben der Linie Pfalz-Simmern 1685 hatte
Frankreich Ansprüche auf die Pfälzer Kurwürde erhoben, da
der Bruder Ludwigs XIV. mit der Pfälzer Prinzessin Elisabeth
Charlotte verheiratet war. Doch die Neuburger Pfalzgrafen hatten sich als neue Pfälzer Kurfürsten durchsetzen können. Noch
während der Regierungszeit von Pfalzgraf Theodor Eustach

Dieser Walzenkrug mit kurpfälzischem Wappen in Allianzform und bekrönt mit Kurhut ist im Stadtmuseum ausgestellt. Fayence, Hammerphilippsburg zwischen 1757 und 1770.

war jedoch absehbar, dass der jetzt regierende Kurfürst Karl III. Philipp keine eigenen männlichen Nachfolger haben würde und somit die Erbfolge auf die Sulzbacher Pfalzgrafen, als nächste Verwandte, übergehen würde. Deshalb arrangierte man 1717 die Heirat des Sulzbacher Erbprinzen Josef Karl mit Elisabeth Auguste Sophie, der einzigen Tochter des Kurfürsten. Doch sowohl die Pfälzer Prinzessin als auch ihr Ehemann verstarben noch vor dem Kurfürsten, ebenso wie schon zuvor der kleine Sohn der beiden. Die Trauer war groß, sowohl bei Kurfürst Karl Philipp, als auch im Sulzbacher Schloss bei der Familie Josef Karls.

Somit fiel die Nachfolge jetzt auf Johann Christian, den jüngeren der Sulzbacher Prinzen. Dieser lebte, ebenfalls verwitwet, bisher in der Nähe von Brüssel. Mit seinem kleinen Sohn Karl Theodor übersiedelte er nach Mannheim, seit einigen Jahren erst kurfürstliche Residenzstadt, und vermählte sich in zweiter Ehe mit Eleonore Philippine von Hessen-Rheinfels-Rotenburg.

1732, nach dem Tod seines Vaters Theodor Eustach, wurde er mit seiner Familie als neuer Pfalzgraf in Sulzbach empfangen. 1733, nur ein Jahr später, verstarb Johann Christian – so wird berichtet – an »Wassersucht«. Damit stellte sich für Kurfürst Karl III. Philipp die Nachfolgefrage aufs Neue. Der einzig verbliebene mögliche Thronanwärter war der erst neunjährige Karl Theodor. Ab sofort sollte der kleine Prinz am Mannheimer Hof auf seine zukünftige Aufgabe vorbereitet werden.

Die Regierungsgeschäfte im Fürstentum Sulzbach führten in Vertretung Hofrat und Hofkanzlei unter Kanzler Johann Georg Korb.

Die verwitwete Pfalzgräfin Eleonore Philippine sollte auf Wunsch des Kurfürsten im Schloss Sulzbach wohnen bleiben, damit die Stadt ihren Residenzcharakter wahren konnte. Sie machte sich mit Stiftung und Bau eines Salesianerinnenklosters unterhalb des Schlosses einen bleibenden Namen. Dazu musste das Ballhaus des Hofes abgebrochen werden. Die Pfalzgräfin starb 1759. Zuvor hatte sie dem Kloster ihren gesamten Besitz vermacht. Erst einige Jahre später begann man mit dem Bau der Klosterkirche St. Hedwig. Dabei entstand ein einschiffiger Saalbau mit Tonnengewölbe und toskanischen Doppelpilastern im Rokokostil, aus Platzgründen mit Ausrichtung des Chors nach Westen. Das Doppelwappen Pfalz-Sulzbach und Hessen-Rheinfels-Rotenburg über dem Portal erinnert an die Stifterin. Mit ihrer katholischen Schule verbesserten die Salesianerinnen das Bildungsangebot für Mädchen erheblich. Ihre moderne Pädagogik stand zudem auch evangelischen und jüdischen Schülerinnen offen.

Einige Jahre zuvor, nämlich noch zu Lebzeiten des Pfalzgrafen Johann Christian, war 1733 die Grundsteinlegung zum Bau eines Kapuzinerhospizes mit der Kirche St. Johannes auf dem Bühlberg erfolgt. Die fünf Patres des kleinen Konvents wirkten, in Absprache mit dem Stadtpfarrer, vor allem in Seelsorge und Krankenpflege. In einem regelrechten Kampf mit ständigen Beschwerdebriefen drückte der protestantische Teil der Bevölkerung ihren Unmut gegen die Kapuziner aus: Man befürchtete, teilweise zu Recht, von den Ordensleuten »missioniert« zu werden.

Machtspiele und Favoritinnen

Am Mannheimer Hof wurde Karl Theodor zusammen mit seinen drei Cousinen, Elisabeth Auguste, Maria Anna und Franziska Dorothea erzogen. Die drei »Sulzbacher Prinzessinnen« waren im gleichen Alter wie Karl Theodor und nach dem frühen Tod ihrer Eltern Josef Karl und Elisabeth Auguste Sophie der ganze Trost ihres Großvaters, des Kurfürsten Karl Philipp. Aus Sorge, dass auch den Mädchen etwas passieren könnte, ließ dieser sie nach einem äußerst penibel geregelten Tagesplan erziehen.

Kurz nach Erklärung zur Volljährigkeit trat Karl Theodor 1742 in Sulzbach die Regierung als Pfalzgraf an. Nach Karl Philipps Ableben wurde er 1743 schließlich zudem Kurfürst von der Pfalz. Mittlerweile war er mit der ältesten seiner Cousinen, Elisabeth Auguste, verheiratet. Diese hatte sich trotz oder wegen der überaus strengen Erziehung zu einer sehr lebenslustigen Dame entwickelt, bekannt für eine schillernde Hofhaltung. Als Kurfürstin hielt sie durchaus die Fäden in der Hand, vor allem wenn es um die Familie ging. Was schließlich noch fehlte, war ein Thronfolger. Ihre einzige Schwangerschaft jedoch überlebte Elisabeth Auguste nur knapp, der kleine Prinz selbst starb kurz nach der sehr schweren Geburt. Auf Anraten der Ärzte verzichtete die Kurfürstin auf weitere Schwangerschaften, womit jegliche Aussichten auf einen Thronfolger dahin waren.

Karl Theodor verabscheute, genau wie sein Urgroßvater Christian August, Kriege und genau wie dieser war er sehr den Wissenschaften zugetan. Sein besonderes Augenmerk legte er auf den Ausbau einer Hofbibliothek nach dem Vorbild der Biblioteca Palatina Ottheinrichs I. im 16. Jh. Als Grundstock dienten ihm dafür auch die Bestände der ehemaligen Hofbibliothek seiner Vorfahren in Sulzbach. Ungefähr 5.000 Bände ließ er von dort an den Mannheimer Hof bringen.

Bereits unter Ottheinrich II. war in Sulzbach eine Hofbibliothek angelegt worden. Seit Mitte des 17. Jhs. waren derlei Einrichtungen, ähnlich wie prunkvolle Schlossräume, für die Fürsten zu Repräsentationsobjekten geworden. Aber auch ihrer

Sammelleidenschaft gingen sie damit nach. Außerdem dienten die Büchersammlungen als Arbeitsinstrument für Wissenschaftler und Beamte. Dass ein Fürst sich selbst als Forscher betätigte, wie der sehr belesene Sulzbacher Pfalzgraf Christian August, war eher die Ausnahme. Während dessen Regierungszeit ist erstmalig die Stelle eines Hofbibliothekars belegt. Die dadurch möglich gewordene Bestandspflege ließ in der Folgezeit mehrere Kataloge und Buchverzeichnisse entstehen. Nachdem die Bibliothek unter Theodor Eustach eher brach lag, wurde sie nun für Karl Theodor wieder interessant. Mit insgesamt 80.000 Bänden gehörte die Mannheimer Hofbibliothek zu den bedeutendsten Sammlungen ihrer Zeit.

Bis 1760 ließ Karl Theodor das vom Vorgänger begründete Mannheimer Schloss vollenden. Die Stukkaturen dieser Residenz waren die letzte Arbeit des Bildhauers Egid Quirin Asam, der als junger Mann zusammen mit seiner Familie einige Zeit in Sulzbach gelebt hatte. Auch andere bedeutende Dichter und Musiker zog der kurfürstliche Hof an. Unter anderem bewarb sich Wolfgang Amadeus Mozart hier um eine Stelle. Der Kunst- und Musikliebhaber Karl Theodor gab auch selbst Konzerte: als Teil eines kurfürstlichen Streicher-Trios zusammen mit seinen Vettern Erzbischof Klemens August von Köln und Max III. Joseph von Bayern.

Als Letzterer 1777 kinderlos starb, wurde Karl Theodor, so sahen es die wittelsbachischen Hausverträge vor, Kurfürst von Bayern. Mit der pfälzischen und bayerischen Kurwürde in Personalunion vereinte Karl Theodor nun die seit Jahrhunderten getrennten Linien des Hauses Wittelsbach. In diesem Falle, auch das war so bestimmt, musste er Mannheim verlassen und seine Residenz nach München verlegen. Karl Theodor lebte sehr gerne in Mannheim und wollte eher ungern nach Bayern ziehen. Deshalb kamen ihm Tauschpläne mit Kaiser Josef II. sehr gelegen: Teile Bayerns sollten an die Habsburger gehen, dafür sollte Karl Theodor später die habsburgischen Niederlande (in etwa das heutige Belgien und Luxemburg) erhalten. Da diese näher an der Pfalz lagen, hätte der Kurfürst Mannheim nicht verlassen müssen. Karl Theodor machte sich damit nicht nur bei der bayerischen Bevölkerung unbeliebt. Vor allem bei

Drei Sulzbacher Prinzessinnen, um 1742/43 – Öl auf Birnbaum, Jan Philips van der Schlichten. Links mit Laute Maria Anna, in der Mitte Kurfürstin Elisabeth Auguste, rechts Franziska Dorothea.

Preußens König Friedrich II. regte sich Widerstand gegen ein solches Vorhaben. Doch sei es allein weiblicher Weitsicht zu verdanken gewesen, so wird berichtet, dass Bayern bayerisch blieb. Es wird Karl Theodors Cousine und Schwägerin Maria Anna zugeschrieben, diesen Tausch verhindert zu haben. Die mittlere der »Sulzbacher Prinzessinnen«, war verheiratet mit Herzog Clemens Franz de Paula, einem nahen Verwandten der bisherigen bayerischen Kurfürsten. Sie lebte deshalb selbst in München. Um ihren Widerstand gegen die Tauschpläne auszudrücken, scheute sie nicht vor einem Briefwechsel mit dem preußischen König zurück. Sie schrieb: »Ich altes Weib muß jetzt ein Mann sein, weil aus allen unseren Männern alte Weiber geworden sind.« Der König antwortete: »Ach Madame, wären nur Sie der Kurfürst, wir würden nicht […] solch schmähliche Ereignisse erleben müssen, angesichts dessen alle [...] erröten müssen.« Letztendlich ließ man das Vorhaben fallen. Maria Anna wurde aufgrund ihrer aktiven Einmischung später als »Retterin Bayerns« bezeichnet. Doch war wohl eher das unentschlossene Naturell Karl Theodors dafür verantwortlich, dass diese Idee von der »Großmacht am Rhein« nicht verwirklicht wurde.

In Sulzbach war Karl Theodor nur wenige Male. Das erste Mal besuchte er zusammen mit seiner Gemahlin 1742 die Stadt, um zum Regierungsantritt die Huldigung der Bevölkerung entgegenzunehmen.

Die Eigenstaatlichkeit Pfalz-Sulzbachs mit dem Hofrat als übergeordnete Regierungsbehörde blieb weiterhin gewahrt. Auch der Sulzbacher Hof mit Schlosswachtmeister, Hofbaumeister und Hofverwalter bestand fort. Von der Kultur- und Kunstliebe des Kurfürsten aber profitierte die Stadt wenig. Neben der Stiftung der Loreto-Kapelle 1753 auf dem Annaberg durch Elisabeth Auguste, erinnern vor allem Sulzbachs Brunnen an die Regierungszeit Karl Theodors.

Nach der glücklosen Schwangerschaft der Kurfürstin Elisabeth Auguste zogen sich die beiden Ehegatten voneinander zurück. Elisabeth Auguste war oft Mittelpunkt sehr ausgelassener Hoffeste und stand ihren Schwägern sehr nahe. Zu Clemens Franz de Paula verband sie wohl mehr als nur Freundschaft. Der eher introvertierte Karl Theodor seinerseits pflegte enge Bande zu Damen aus bürgerlichen Kreisen; Schauspielerinnen oder auch Tänzerinnen, mit denen er (nacheinander) feste Beziehungen unterhielt. Seine »Favoritinnen« schenkten ihm mehrere Kinder, zu denen der Kurfürst sich bekannte und die er als seine Familie betrachtete. Durch Erhebung in den Adelsstand konnten sie ein einigermaßen standesgemäßes Leben führen. Manches Mal bestand für die Favoritin die Möglichkeit einer passenden Heirat. So ehelichte Johann Egydius Freiherr von Bettschart, gebürtig in Bellinzona, während seiner Zeit als Minister in München die gerade aktuelle Mätresse Karl Theodors, die schließlich einen Sohn zur Welt brachte. Ganz offiziell übernahm der Kurfürst die Patenschaft für den Jungen. Dessen Name Karl Theodor könnte aber vielleicht ein Fingerzeig auf den wahren Vater sein. Der offizielle Vater Bettschart

98

FÜRSTLICHE WASSERKUNST

Die Lage am Bach sowie mehrere Quellen machten Sulzbach zu einem wasserreichen Ort. Den Bewohnern im Bachviertel unterhalb des Felsens stand frisches Quellwasser fast unbegrenzt zur Verfügung. Schwieriger war die Wasserversorgung in den höher gelegenen Stadtvierteln. Entweder musste man das Quellwasser zu Fuß in Eimern hinauftragen oder aber man begnügte sich mit Wasser aus Zisternen.

So suchte man bereits im 16. Jh. nach Lösungen. Erst 1672 gelang dem Münchner Brunnenmeister Johann Joachim Finsterwalder die Entwicklung eines geeigneten Pumpsystems für den Transport in höhere Lagen. Installiert wurde das Pump- und Druckwerk in der Stadtmühle, unten am Rosenbach gelegen. Der Auslauf des nach oben geleiteten Wassers befand sich am Marktplatz. Durch den Bau eines Wasserturms auf dem Bühlberg sollten die Druckverhältnisse noch verbessert werden. 1701 wurde diese unter Christian August errichtete Erste fürstliche Wasserkunst nochmals erweitert. Ebenso waren die Brunnen und Fontänen des fürstlichen Hofgartens an dieses System angeschlossen.

Ab Mitte des 18. Jhs. war die Anlage in der Stadtmühle reparaturbedürftig geworden. Unter anderem aus Brandschutzgründen sollten zudem weitere Entnahmestellen geschaffen werden. 1755 genehmigte Kurfürst Karl Theodor die Installation dreier weiterer Brunnen im Stadtbereich und eines neuen Druck- und Pumpwerks in der Stadtmühle. Diese Zweite fürstliche Wasserkunst war bis 1878 in Betrieb.

Die beiden Löwenbrunnen im Schlosshof und am Luitpoldplatz sowie der Delphinbrunnen an der Ecke zur Neutorgasse erfreuen die Vorübergehenden noch immer als sprudelnde Zeugen der fürstlichen Zeit. Die Skulptur des ehemaligen Neptunbrunnens befindet sich im Hof des Stadtmuseums.

◀ **Pfalzgraf Johann Christian, 1730 – Öl auf Leinwand (Rathaussaal Sulzbach-Rosenberg).**

wurde später Landrichter in Sulzbach. Nach seinem Tod wurde er hier bestattet. »Sohn« Karl Theodor Freiherr von Bettschart wurde ebenfalls Landrichter hier, bevor auch ihn verschiedene Ämter wieder nach München führten. Auch er ehelichte eine (weitere) Mätresse des Kurfürsten auf dessen Bitten. Diese war gerade ebenfalls schwanger. Freiherr von Bettschart wurde vom Kurfürsten deshalb noch längere Zeit protegiert, bis er wegen Veruntreuungen und anderer (korrupter) Unregelmäßigkeiten seiner Ämter enthoben, verhaftet, verurteilt und später wieder begnadigt wurde. Er starb 1820.

Trotz seiner zahlreichen (unehelichen) Nachkommen hatte Karl Theodor am Ende seines Lebens keinen legitimen Nachfolger und war somit gezwungen, entsprechende Regelungen zu treffen: Nachdem bereits die »Wittelsbacher Hausunion« zur Sicherung der gegenseitigen Erbfolge geschlossen worden war, war 1771 der »Pactum mutuae successionis« zwischen Max III. Joseph von Bayern, Karl Theodor von der Pfalz, Herzog Christian IV. von Pfalz-Zweibrücken und dessen Neffen Karl August vereinbart worden. Als Karl Theodor als letzter im Mannesstamm aus dem Haus Pfalz-Sulzbach 1799 starb, fiel aufgrund dieser Hausverträge das Erbe an Pfalz-Zweibrücken.

Skandal und Verbannung

Somit lag es an der jüngsten der »Sulzbacher Prinzessinnen«, Franziska Dorothea, und ihrem Ehemann Friedrich Michael von Pfalz-Zweibrücken das Haus Wittelsbach in die Zukunft zu führen. Sie waren inzwischen die einzigen, die noch für mögliche Erben sorgen konnten: Die Kinder der mittleren der Schwestern, Maria Anna, waren alle früh verstorben. Der Zweibrückener Pfalzgraf Christian IV. wiederum war in morganatischer (nicht standesgemäßer) Ehe verheiratet, weshalb seine Kinder nicht erben durften.

Damit die Vermählung Friedrich Michaels mit Franziska Dorothea stattfinden konnte, hatte dieser zuerst einer katholischen Erziehung zukünftiger Kinder zustimmen müssen.

Denn ein protestantischer Thronfolger kam in Bayern nicht in Frage. Kinder stellten sich auch bald ein. Dann aber erlaubte sich Franziska Dorothea, mit einem Skandal ihren Ehemann und vor allem ihre beiden Schwestern zu verärgern. Wie es heißt, war Friedrich Michael nicht besonders treu. Franziska Dorothea wiederum ließ sich auf eine Affäre mit einem Mannheimer Schauspieler ein. Sie wurde schwanger, was sich nicht lange verbergen ließ. Daraufhin verbannte man Franziska Dorothea vom Hof und ließ sie in ein Kloster bringen, wo ihre uneheliche Tochter zur Welt kam. Diese wurde ihr sofort weggenommen. Auch zu ihren ehelichen Kindern durfte sie fortan nur noch brieflichen Kontakt haben.

Deren Erziehung wurde von ihrer Schwester, Kurfürstin Elisabeth Auguste, in die Hand genommen. Erst nach dem Tod ihres Ehemannes Friedrich Michael 1767 durfte Franziska Dorothea das Kloster wieder verlassen. Kurfürst Karl Theodor bot seiner Cousine und Schwägerin an, nach Sulzbach in das Schloss ihrer Ahnen zu ziehen, das seit Eleonore Philippines Tod leer stand. Sie nahm das Angebot an. Mit ihr hielt dort noch einmal für einige Jahre höfischer Glanz Einzug. Mit einigen Umbaumaßnahmen hinterließ sie ihre eigenen Spuren im Schloss. In Rosenberg ließ sie sich das kleine Sommerschlösschen »Franziskaruh« unterhalb der ehemaligen Rosenburg bauen. Steine aus den verfallenden Ruinen wurden dabei als Baumaterial benutzt. Von der Bevölkerung wurde sie sehr geschätzt.

Die wenigen Besuche Karl Theodors hier galten nicht zuletzt seiner Cousine Franziska Dorothea, die ihm zu Ehren zu festlichen Banketten ins Schloss einlud. Bei Abendgesellschaften ließen Pfalzgräfin und Kurfürst musikalisch aufhorchen: Franziska Dorothea sang selbstkomponierte Arien, begleitet von Karl Theodor am Violoncello.

Karl August, Franziska Dorotheas ältester Sohn und mittlerweile Zweibrückener Pfalzgraf, hatte sich derweil seiner (unehelichen) Halbschwester angenommen und für deren Erziehung gesorgt. Auch die anderen Kinder ließen den Kontakt zur Pfalzgräfin nie abreißen. Ihre Schwestern hingegen verziehen ihr den verursachten Skandal nie. Als Franziska Dorothea

Kurfürst Karl Theodor, 1779 – Öl auf Leinwand (Rathaussaal Sulzbach-Rosenberg).

DIE PFALZGRÄFIN UND DER WUNDERARZT

1775 hielt sich der damals weithin Aufsehen erregende Vorarlberger Wunderarzt und Geistliche Johann Joseph Gaßner für einige Tage am Sulzbacher Hof auf. Er sollte hier seine nicht alltäglichen Heilpraktiken präsentieren. Seit einiger Zeit verursachten Gaßners Behandlungsmethoden in der Bodensee-Gegend große Menschenaufläufe. Auch der Leibarzt der Pfalzgräfin, Bernhard Joseph Schleis von Löwenfeld, war auf den Geistlichen aufmerksam geworden. Die Aktivitäten Gaßners wurden vor allem kirchlicherseits scharf beobachtet, man sprach sogar von Exorzismus. Wahrscheinlich aber bediente er sich Hypnose- und Suggestionsmethoden. Schleis jedenfalls riet der Pfalzgräfin, dessen »wundersame« Dienste gegen verschiedene Zipperlein in Anspruch zu nehmen. Ein Besuch Gaßners in Regensburg machte eine Reise nach Sulzbach möglich. Es sprach sich schnell herum, dass die Behandlung der Pfalzgräfin überaus erfolgreich war. Bis zur Abreise Gaßners herrschte in den nächsten Tagen großer Andrang bei seinen »Sprechstunden« in der Friedhofskapelle St. Leonhard. Schleis fertigte über jede einzelne Anwendung genaueste Protokolle an.

Trotz kirchlicher Ermahnung zu Zurückhaltung praktizierte Gaßner noch bis zu seinem Tod.

1794 starb, durfte bei ihrer Bestattung in der Sulzbacher Fürstengruft kein Familienmitglied anwesend sein.

1799 starb auch Kurfürst Karl Theodor, der letzte der Sulzbacher Pfalzgrafen. Sein Nachfolger wurde Max IV. Joseph, der Sohn der »Sulzbacher Prinzessin« Franziska Dorothea. Sie gilt als Stammmutter aller nachfolgenden Generationen des Hauses Wittelsbach. Zu ihren Nachfahren zählt auch das Kaiserpaar Franz Josef I. und Elisabeth (Sisi) von Österreich.

19. Jahrhundert: Pantheon und Hüttenwerk

Im Schatten des modernen Bayern

Seit Beginn der Französischen Revolution 1789 war es zu einer Reihe von Ereignissen gekommen, die am Ende umwälzende Veränderungen für Europa bedeuteten. Zur zentralen Figur wurde Napoleon I. Dieser versuchte, für Frankreich ein System aus verbündeten »Satellitenstaaten« zu schaffen, um ein Gegengewicht gegen die großen Staaten Preußen, Österreich und Russland zu bilden. Wachsender Nationalstolz jedoch ließ die europäischen Völker mehr und mehr gegen die Napoleonische Herrschaft aufbegehren. In den sogenannten Koalitionskriegen zwischen 1792 und 1815 kämpften die Staaten in wechselnden Bündnissen gegen den Expansionsdrang des französischen Machthabers.

Bereits im Sommer 1796 war die französische Armee zunächst bis nach Nürnberg vorgedrungen. Am Sternstein bei Sulzbach trafen sie schließlich auf die Truppen Österreichs. Schlechte Wege und bergiges Gelände erschwerten hier die Kampfhandlungen. Nach einer blutigen Schlacht mit heftigem Kanonenfeuer auf Sulzbach wurden die österreichischen Soldaten zunächst bis hinter Amberg zurückgedrängt. Ein weiterer Angriff bei Witzlhof endete mit einer Niederlage der Franzosen.

Bis 1805 gewann jedoch Napoleon die Oberhand. Mit Friedensverträgen wie dem Reichsdeputationshauptschluss von 1803 konnte er sein erstrebtes Satellitensystem weiter ausbauen. Für Bündnistreue wurde Bayern 1806 zum Königreich erhoben. Für die Abtretung linksrheinischer Gebiete an Frankreich sollte es entschädigt werden aus den Besitzständen kleiner und kleinster Territorien, die jetzt aufgelöst wurden, genauso wie geistliche Fürstentümer und Klöster, und genauso wie das Fürstentum Pfalz-Sulzbach.

Auch wenn mit Max Joseph ein Nachfahre der Sulzbacher Pfalzgrafen jetzt als erster bayerischer König regierte, so bedeutete diese Neuordnung für Sulzbach zunächst einen politischen Sturz von der glanzvollen Residenzstadt zu einer von vielen bayerischen Gemeinden. Mehr noch: Bisher geprägt von einer toleranten und weltoffenen Geisteshaltung sowie den strukturellen Besonderheiten des Simultaneums, musste man sich jetzt in das katholische Bayern einordnen. Zudem änderte sich das Verhältnis zur alten Konkurrentin Amberg. Bereits 1791 waren die Sulzbacher Regierungsbehörden dorthin verlegt worden. Der neue bayerische Staat wurde nun eingeteilt in Kreise, Vorläufer der heutigen Regierungsbezirke, die nach Flüssen benannt wurden. Amberg wurde die Hauptstadt des Naabkreises und die dortige Kreisregierung vorgesetzte Behörde für das Landgericht Sulzbach. Allerdings nicht lange: Ab 1810 gehörte man zum Regenkreis mit der Hauptstadt Regensburg. 1818 erhielt Bayern eine neue Verfassung. 1861/62 wurden die Bereiche Verwaltung und Justiz getrennt: Aus dem Landgericht wurden Bezirksamt (später Landratsamt) und Amtsgericht; für die Finanzverwaltung wurde das Rentamt zuständig.

Bevölkerung und Wirtschaft

Mit Beginn des 18. Jhs. waren vermehrt italienische Einwanderer über die großen Handelsstraßen in den süddeutschen Raum gekommen, so vom Gardasee oder vom Lago Maggiore, aus dem Friaul, aus Venetien oder der Lombardei.

Dabei zogen vor allem Residenzstädte wie auch Sulzbach Zuwanderer an. Oftmals waren es einfache Vagabunden, die hier sesshaft werden wollten. Baumeister mit Erfahrung beim Residenz- und Kirchenbau wiederum folgten bei besonderen Aufträgen dem Ruf der Fürsten. Andere hatten selbst von großen geplanten Bauprojekten gehört, etwa Giovanni Rampino, Baumeister der Sulzbacher Sankt-Anna-Kirche. Wieder andere Einwanderer waren Glasschleifer, Schneider oder Kaminkehrer, also Handwerker mit speziellen Kenntnissen. Dazu gesellten sich Kaufleute und fahrende Händler, die ganz besondere (Luxus-)Artikel wie Gewürze oder Stoffe aus dem Orient im

Angebot hatten. Meistens handelte es sich um männliche Zuzügler, die versuchten sich dauerhaft zu integrieren. Nur wenigen gelang dies. Wenn, dann schafften sie den Sprung in die örtliche Gesellschaft durch Einheiratung in angesehene Familien. Dem Händler Bernhard Allioli, gebürtig am Lago Maggiore, war Anfang des 18. Jhs. in Sulzbach sogar der Aufstieg zum Hoflieferanten gelungen. Weitreichende Geschäftsbeziehungen, großer Besitz und ein repräsentatives Wohnhaus im Neustadtviertel hatten ihm zu Rang und Namen verholfen. Auch er hatte durch Heirat Eingang in die gehobene Gesellschaft gefunden. Sein in Sulzbach geborener Urenkel Joseph Franz von Allioli sollte sich später als katholischer Theologe und Bibelübersetzer einen Namen machen.

Um 1800 hatte die Einwohnerzahl die Marke 2.000 deutlich überschritten. Von da an gab es ein stetiges Wachstum der Bevölkerung: über 3.000 Einwohner um 1850, um die 5.000 Personen um 1900. Ab 1863 ist dies sicherlich der Ansiedlung der Maxhütte zuzuschreiben.

»Die Stadt, ehemals Residenz der Herzöge von Sulzbach, hat ein Hospital, die berühmte von Seidel'sche typographische Anstalt, eine hebräische Buchdruckerei, ein nahes Eisenbergwerk und starken Hopfenanbau«, so beschreibt das geografische Standardwerk über Bayern von Anselm Andreas Cammerer von 1838 die wichtigsten Säulen der damaligen Sulzbacher Wirtschaft. Weitere größere Gewerbezweige waren die Lebensmittel- Brau- und Gastronomiebranche, das Textilhandwerk, das Baugewerbe und das Gesundheitswesen. Dazu kamen Händler, Krämer und Kaufleute, ebenso wie Beamte der Regierungs- oder Stadtbehörden.

Hauptumschlagsplätze für die produzierenden Betriebe waren regelmäßig stattfindende Märkte, so zweimal wöchentlich ein Viktualienmarkt für Lebensmittel, Küchenbedarf, Holz, Stroh und dergleichen. Später kamen Viehmärkte dazu. Die Errichtung eines Bahnhofsgebäudes mit dazugehörigen Wärterhäuschen, Wegschranken und Personalwohnungen im Zuge der Eröffnung einer Bahnlinie der Ostbahn-Aktiengesellschaft in Sulzbach 1858/59 wurde zu einem Großauftrag für die hiesigen Handwerker im Baugewerbe.

Ansicht der Rosenberger Straße in der zweiten Hälfte des 19. Jhs. kurz vor Abbruch des östlichen Stadttors.

Ein weiterer einträglicher Absatzmarkt mit neuen Kunden ergab sich mit der Stationierung einer Garnison ab 1850. Die Verlegung der Regierungsbehörden mit dem Ende des Fürstentums und später die Schließung der hebräischen Druckerei zog empfindliche wirtschaftliche Verluste nach sich. Mehrmalige Anträge von Seiten des Bürgermeisters, zum Ausgleich Gerichtsbehörden nach Sulzbach zu verlegen, blieben ohne Erfolg. Derlei Einrichtungen sollten in größeren Städten bleiben, auch hätte Sulzbach keine geeigneten Gebäude. Schließlich wurde die Stationierung einer Garnison genehmigt. Im Juli 1850 bezog das III. Bataillon des königlichen 6. Infanterieregiments die umgebauten Räume des säkularisierten Salesianerinnenklosters. Im oberen Schlossareal entstand im Bereich der ehemaligen Ställe ein zusätzliches Kasernengebäude. Die Hauptwache wurde im Rathaus untergebracht, das Militärhospital am Bühlberg, die Schießstände weiter außerhalb der Stadt. Mehrmals wechselten die Bataillone, zeitweise drohte wieder der Verlust der Garnison. Eine Abordnung der Stadt reiste nach München, um deswegen im Kriegsministerium vorzusprechen. Mit Erfolg: Der Abzug der Truppen konnte zunächst abgewendet werden. Erst 1918 wurden die Soldaten abgezogen.

Städtische Verwaltung

Mit den Gemeindeedikten von 1808 und 1818 wurde die kommunale Verwaltung in Bayern einheitlich geregelt: Als Körperschaft mit eigenem Vermögen und Recht wurden die Kommunen je nach Einwohnerzahl als Stadt, Markt oder Ruralgemeinde definiert.

In der Stadt Sulzbach waren der Magistrat mit Bürgermeister einerseits und die Gemeindebevollmächtigten andererseits zuständig für die Verwaltung. Das System glich dem der bisherigen Struktur mit Innerem und Äußerem Rat. Auch die Einteilung in die vier Wahlbezirke Markt-, Bühl-, Neustadt- und Bachviertel hatte sich nicht verändert. Die Wahl selbst erfolgte zunächst weiterhin indirekt über Wahlmänner. Der Sulzbacher Magistrat setzte sich aus acht Räten und einem Bürgermeister zusammen. Das Gremium der Gemeindebevollmächtigten umfasste 24 Mitglieder. Dazu kam ein Stadtschreiber. Die Räte durften nicht miteinander verwandt oder verschwägert sein. Bürgermeister und Stadtschreiber waren hauptberuflich im Amt und erhielten eine Aufwandsentschädigung. Außerdem mussten sie gymnasiale Studien und mehrjährige Erfahrung vorweisen. Übertragene Ämter durften nur aus zwingenden Gründen, zum Beispiel gesundheitlichen, abgelehnt werden.

1869 wurden einige Bestimmungen neu angepasst. Die Bevollmächtigten wurden jetzt direkt gewählt, der Bürgermeister bekam ein festes Gehalt, die Räte eine Aufwandsentschädigung. Bau-, Schul-, Forst- und Medizinalräte führte man als neue Ämter ein. Hauptaufgabe des Magistrats war weiterhin die Vermögensverwaltung der Gemeinde und die Ausübung der Polizeigewalt. Alte Stadtkammerrechnungen gewähren Einblick in den damaligen Haushalt: Die Einnahmen setzten sich zusammen aus Steuern, Zolleinnahmen und sonstigen

Aufschlägen wie Abgaben der Hausbesitzer zur Wasserversorgung. Auf der Ausgabenseite standen Besoldungen für städtische Bedienstete, Kosten für Unterhalt der Gemeindegebäude, Finanzierung von Polizeiverwaltung und Gemeindeanstalten, zu denen ein Schulfond und die örtliche Armenfürsorge gehörten, aber auch Umlagen für Kreisregierung und staatliche Behörden.

Als Bindeglied zwischen Magistrat und Bürgerschaft hatte das Gremium der Bevollmächtigten vor allem eine beratende und vermittelnde Funktion. Die Mitglieder konnten zudem Vorschläge machen, Anträge stellen und Einsicht in Magistratsakten nehmen. Sie hatten außerdem Mitspracherecht bei der Besetzung der Gemeindeämter. Dies konnten auch nebenberufliche Posten sein wie Flurwächter, Nacht- oder Torwächter, Stadthirten und Brunnenwärter.

1878 hatte die »Fürstliche Wasserkunst« endgültig ausgedient. Reparaturanfälligkeit, aber auch höherer Wasserverbrauch machten eine neue Anlage nötig. Man errichtete die erste zentrale städtische Wasserversorgungsanlage mit Wasserwerk in der Weiherstraße und einem neuen Wasserturm auf dem Bühlberg. Neun gusseiserne, neue Brunnen im Stadtgebiet gewährten den Bürgern Zugang zu dieser Anlage. Etwa 100 Hausbesitzer ließen sich eine eigene Zapfstelle auf ihrem Anwesen legen. Gleich neben dem Wasserwerk wurde bis 1900 das erste Elektrizitätswerk errichtet. Im gleichen Jahr erhielt die Stadt die erste elektrische Straßenbeleuchtung.

Leben im Simultaneum

1853 lag der Anteil der Protestanten an der Sulzbacher Gesamtbevölkerung bei fast 50 % und damit deutlich über dem bayerischen Durchschnitt (in absoluten Zahlen: Protestanten 1569, Katholiken 1377, Juden 257).

Bis 1777 war das Kurfürstentum Bayern rein katholisch. Dies hatte sich danach durch die Vereinigung mit der protestantischen Kurpfalz unter Karl Theodor geändert. Mit dem Gebietszuwachs im Zuge der Säkularisation ab 1803 waren außer-

Blick in die Klosterkirche St. Hedwig: Das Rokoko-Juwel in der Sulzbacher Altstadt wurde glücklicherweise kein Opfer der Säkularisation.

dem viele ehemals fränkische und schwäbische Gebietsteile an Bayern gelangt und mit ihnen mehrere größere evangelische Gemeinden. Aufgrund der besonderen konfessionellen Situation des Simultaneums hatte Sulzbach bis dahin lange Zeit als heimliche Hauptstadt der Protestanten in Bayern gegolten. Jetzt aber verlor die Sulzbachische evangelische Landeskirche ihre Funktion und wurde ab 1810 als Dekanat Sulzbach in die Landeskirche der protestantischen Konfession im Königreich Bayern eingegliedert.

Unter Max Joseph (er war mit einer Protestantin verheiratet) garantierten Toleranzverordnungen zunächst die Gleichstellung der Konfessionen, das Religionsedikt von 1803 schließlich die Gleichberechtigung.

SÄKULARISATION MIT SPÄTFOLGEN

Bereits 1802 mussten die Kapuziner-Patres auf dem Bühl Sulzbach verlassen. Das meiste des Kircheninventars und des Hospizes, einschließlich der Bibliothek, wurde verkauft oder vernichtet.

Das Salesianerinnenkloster im Schlossareal wurde Anfang 1804 aufgelöst. Im säkularisierten Gebäude erhalten blieb zunächst die Mädchenschule. Ebenfalls aufgelöst werden sollte die zugehörige Klosterkirche St. Hedwig. Doch konnte sie als sakraler Raum erhalten werden. Sie gehört heute zur katholischen Pfarrei St. Marien. Statt ihrer wurde 1807 die alte Friedhofskirche St. Leonhard profaniert und bald darauf abgebrochen. Nur noch Markierungen im Pflaster kennzeichnen heute ihre ehemalige Lage an der südlichen Seite der Stadtpfarrkirche.

Die simultane Spitalkirche St. Elisabeth, ein gotischer Bau aus dem 14. Jh., wurde samt aller dazugehörigen Gebäude 1804 profaniert und an einen Privatmann verkauft. Langhaus und Chorraum mit den Maßwerkfenstern sind heute Teil des Gastronomiebetriebs Spitalgarten.

Im gleichen Jahr erwarb der Magistrat der Stadt für 4.000 Gulden das ehemalige Anwesen der Kapuziner, mit der Absicht das Bürgerspital hierher zu verlegen. Nach entsprechenden Umbaumaßnahmen wurden der Altar mit dem Asam-Gemälde von 1710, die Hößler-Orgel von 1743 und weitere sakrale Gegenstände samt Patrozinium in die nunmehr neue Spitalkirche St. Elisabeth transferiert. Der besondere Charakter dieser (noch immer simultanen) Kirche wird durch die 2021 abgeschlossene Generalsanierung aufs Neue betont.

Die Schlosskirche St. Nikolaus, seit der Konversion des Pfalzgrafen Christian August wieder ein katholisches Gotteshaus, wurde schon seit dem Tod der letzten Pfalzgräfin Franziska Dorothea nicht mehr genutzt. Sie wurde nach 1807 profaniert.

Bis 1814 wurde die Kirche St. Barbara in Siebeneichen aufgegeben. Auch dieses Kirchengebäude wurde verkauft und nach einem Teilabriss in ein Wohnhaus umgebaut.

Auch für die Protestanten im Sulzbacher Simultaneum verbesserte sich jetzt die Situation wieder. Der Toleranzgedanke hatte sich unter Christian Augusts Nachfolgern verwässert, das

Klima sich mehr und mehr zugunsten der Katholiken verschoben. Der alltägliche Kleinkrieg zwischen den Konfessionen allerdings blieb weiterhin bestehen, mit teils kuriosen Auswüchsen: »[J]eder Pfarrer [achtete] geradezu zelotisch auf Wahrung der Rechte seiner Konfession […] und [war] zu keinem Kompromiß bereit […]«. Man versuchte tunlichst Diskussionen über Neuerungen zu vermeiden. Denn jede kleinste Veränderung, egal von welcher Seite, führte zu heftigstem Protest der anderen. Auch die Benutzung des Taufbeckens in der Kirche St. Marien bot Anlass für Streit, der schließlich eskalierte: Die Katholiken verwehrten den Protestanten die Benutzung mit der Begründung, ihr Weihwasser »schützen« zu wollen. Sie versperrten den Taufstein mit einem Holzdeckel samt Vorhängeschloss. Die Protestanten beriefen sich darauf, dass das Taufbecken beiden Konfessionen gemeinsam gehörte und brachten ihrerseits ein weiteres Vorhängeschloss an, damit auch die Katholiken den Taufstein nicht mehr benutzen konnten. Für gut 100 Jahre gab es in der Pfarrkirche keine Taufen mehr.

Jüdische Kultur

Pfalzgraf Christian August hatte bereits im 17. Jh. der jüdischen Bevölkerung freie Religionsausübung in jeglicher Hinsicht erlaubt und sie stets beschützt. Zudem hatte er einen ersten Rabbiner nach Sulzbach geholt, der ihn auch bei seinen wissenschaftlichen Forschungen unterstützten sollte. Einen eigenen Ortsrabbiner gab es aber erst unter seinem Nachfolger Theodor Eustach.

Nicht zuletzt durch die weithin bekannte hebräische Druckerei Bloch, die 1699 Aaron Fränkel übernommen hatte, war die jüdische Kultur ein wesentlicher Faktor des öffentlichen Lebens in Sulzbach geworden. Gebetbücher und Bibelausgaben für die breite Masse waren ein Schwerpunkt im Angebot der Druckerei. In der hebräischen Welt weithin bekannt wurde der in drei Auflagen in Sulzbach gedruckte Talmud.

Die Zahl der Gemeindemitglieder hatte sich rasch vergrößert, das bisher als Gotteshaus genutzte Gebäude auf einem

Stiller Ort vergangener Zeiten: Grabdenkmäler auf dem jüdischen Friedhof nördlich der Stadt.

angekauften Grundstück war viel zu klein geworden. So war zwischen 1737 und 1740 eine erste, tempelartige Synagoge an dieser Stelle erbaut worden. Die Finanzierung hatte Jakob Josef übernommen. Er war Vorsteher der jüdischen Gemeinde und Hoffaktor, eine Art fürstlicher »Hausbankier« oder »Finanzminister«, der bei Hofe die Handelsgeschäfte führte.

Das Gelände für einen eigenen Friedhof hatte man bereits 1667 noch durch Feustel Bloch erworben, nördlich vor den Toren der Stadt bei Etzmannshof. Er war der erste, der bereits 1668 hier bestattet worden war.

1801 umfasste die jüdische Gemeinde um die 300 Personen. Seitdem verringerte sich die Zahl der jüdischen Bewohner stetig. Einer der Gründe war der Erlass des Judenedikts durch den Staat Bayern 1813: Das jüdische Leben wurde in den Israelitischen Kultusgemeinden neu organisiert. Familiennamen mussten angenommen werden. Die zulässige Zahl der jüdischen Familien in den Kommunen war begrenzt worden. Das hieß, ein junger Mann konnte nicht mehr so einfach eine Familie gründen und mit ihr am Ort bleiben. Das führte zu einer größeren Wegzugswelle in andere, größere Städte oder zur Auswanderung hauptsächlich in die USA. Im Falle Sulzbachs kam 1851 die endgültige Schließung der hebräischen Druckerei – sie firmierte seit 1813 unter dem Namen Arnstein – hinzu, was weitere Wegzüge bewirkte. Nur noch um die 150 Mitglieder hatte die jüdische Gemeinde in Sulzbach in der zweiten Hälfte des 19. Jhs. Der letzte Ortsrabbiner, Wolf Schleßinger, verließ Sulzbach bereits 1848.

Trotz des beginnenden Niedergangs hatte man sich nach einem verheerenden Stadtbrand nochmals zum Bau einer neuen Synagoge entschlossen. Diese wurde 1827 fertiggestellt. Direkt gegenüber errichtete man einige Jahre später außerdem noch die jüdische Elementarschule.

Das Verhältnis zwischen Christen und Juden war wohl insgesamt recht gut. Des Öfteren besuchten Christen die Synagoge, um dort die Predigt zu hören. Und noch im frühen 20. Jh. trafen sich christliche und jüdische Honoratioren zum gemeinsamen Stammtisch. Spannungen blieben trotzdem nicht aus: so im Jahr 1752, als ein Streit beim Bau der Mauer um den jüdischen Friedhof eskalierte. Von jüdischer Seite wurde beklagt, dass Handwerker Material entwenden und so den Fortschritt der Arbeiten mutwillig sabotieren würden. Die Maurer wiederum reagierten empört und drohten mit Streik. Beschwerdeschriften an Kurfürst Karl Theodor folgten. Mehrere Jahre vergingen, bis dem Magistrat eine Schlichtung gelang. Oftmals genügte als Auslöser für Auseinandersetzungen einfach der Neid auf den Wohlstand manch eines jüdischen Mitbürgers, vor allem wenn dieser sich auch noch eines der stattlichen Anwesen am Marktplatz leisten konnte.

Toleranz und Gelehrtenhof 2.0

1787 kam der Münchner Alois Joseph Schießl nach Sulzbach und übernahm hier die Hofapotheke. Mehrere Jahre bekleidete der in Verwaltungsdingen versierte Intellektuelle das Bürgermeisteramt. Später wurde er Vorsteher der Gemeindebevollmächtigten. Zudem war er bekannt mit dem schillernden Landrichter Freiherr von Bettschart. Schießl, zu diesem Zeitpunkt auch Stadtkommandant der Landwehr, verfasste im Kontext einer Stadtchronik einen Augenzeugenbericht über die dramatischen Ereignisse, die sich beim verheerenden Brand anno 1822 in der Stadt abspielten.

Apotheker Schießl verlor in der Brandnacht sein Geschäft. Die geplanten Verschiebungen der Straßenzüge machten einen Teilabriss des Gebäudes nötig. Als Ausgleich dafür erwarb Schießl für den Bau der neuen Apotheke das westliche Nachbargebäude. Kurz vor der Fertigstellung übergab er das Anwesen an seinen Sohn Christian. Er selbst verbrachte seinen Lebensabend in Amberg. Die Hofapotheke befand sich bis 1919 in Händen der Familie Schießl.

Während der Bauzeit wohnte die Familie im ehemaligen Schloss, das seit 1807 dem befreundeten Drucker und Verleger Johann Esaias Seidel (seit 1821 »von« Seidel) gehörte. Zu den zahlreichen Brandleidern, die vorübergehend im Schloss Aufnahme fanden, gehörte auch der jüdische Drucker Seckel ben Aaron Arnstein, dessen Betriebsgebäude durch das Feuer zerstört worden waren. Zwei Jahre lang stellte Seidel dem jüdischen Kollegen Räume und Maschinen kostenlos zur Verfügung.

Seidels Vorfahren hatten bereits im Sulzbacher Raum gewirkt, so der Großvater als Pfarrer in Illschwang und Rosenberg. Seidels Vater, ebenso Pfarrer, hatte seinen Wirkungskreis nach Ortenburg verlegt, dem Geburtsort von Johann Esaias. Nach dem frühen Tod des Vaters war Seidel im Alter von acht Jahren 1766 nach Sulzbach zu seinem Onkel Georg Abraham Lorenz Lichtenthaler gekommen, wo er später das Druckhandwerk lernte. 1780 übernahm Seidel die Druckerei, dazu bis 1797 die Werkstätte Gallwitz und den bereits seit Längerem

STADTBRAND MIT SPÄTFOLGEN

In der Nacht vom 9. auf den 10. Juni 1822 wurden die Menschen von einem Feueralarm aufgeschreckt. Schausteller gastierten gerade in der Stadt. Ein Feuerwerk hätte zum besonderen Spektakel werden sollen. Eine der Raketen verirrte sich jedoch und traf ausgerechnet ein Dach aus Holzschindeln in der heutigen Frühlingstraße. Der Sommer war heiß und hatte alles ausgetrocknet. Dazu wehte in dieser Nacht ein heftiger Nordost-Wind. Das Feuer konnte deshalb rasch um sich greifen. Schnell war der Weg nach unten ins Bachviertel zum Wasser abgeschnitten, die Brunnen der Stadt waren als Löschwasser nicht ausreichend. Die Helfer der »Lösch-Anstalten« hatten keine Chance gegen die Flammen. Innerhalb von Minuten mussten die Bewohner ihre Häuser verlassen, wie Schießl berichtet. Südlich vom Marktplatz bis zum Bühlberg wurden um die 250 Gebäude stark beschädigt, darunter auch Schießls Apotheke. Ein Todesopfer war zu beklagen. Einige Gebäude aus Stein wie das Weißbeckhaus blieben verschont. Den nördlichen Teil der Stadt mit Pfarrkirche und Rathaus konnte man retten.

Obdachlos geworden, fanden zahlreiche Brandleider Unterschlupf in provisorisch eingerichtetetn Winkeln. Bald trafen viele Sachspenden aus Nah und Fern ein. Stadtprediger Georg Christoph Gack rief mit einem Bittbrief um Geldspenden auf. Diesen ließ der Verleger Johann Esaias von Seidel kostenlos drucken und in ganz Deutschland versenden. Aufgrund seiner zahlreichen Kontakte kam eine Summe von insgesamt 58.420 Gulden zusammen. König Max I. Joseph stiftete Bauholz aus dem Staatsforst im Peutental.

Der Wiederaufbau gab dem Südteil der Stadt ein neues Gewand: Vorherige Engstellen wurden beseitigt, Wege begradigt, die Häuserzeilen am Marktplatz nach Süden verschoben. Es wurden Durchfahrten geschaffen, wo vorher Sackgassen waren. Die Fassaden der beschädigten Häuser wurden im klassizistischen Stil neu errichtet. Innerhalb der Stadtmauern waren zukünftig keine Scheunen mehr erlaubt.

Einer Feuerwehr im heutigen Sinne gibt es in Sulzbach seit 1867 und in Rosenberg seit 1873.

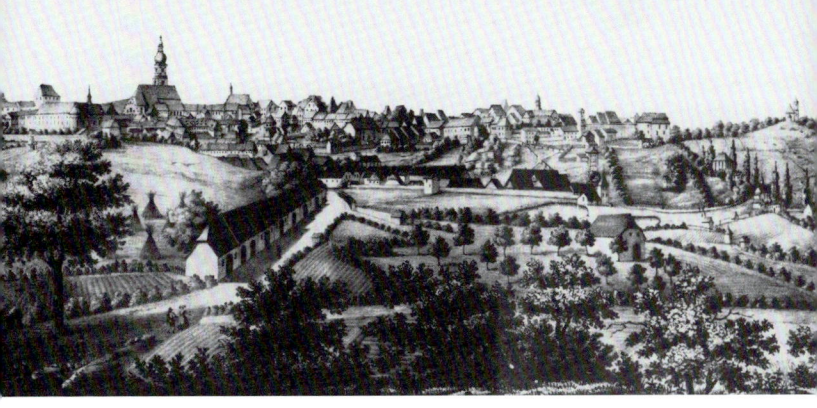

Sulzbach nach dem Stadtbrand: links im Vordergrund die neu errichteten Heustadel außerhalb der Stadt, am linken Bildrand Seidels Pantheon – Stich von C.J. Seckelmann (jüdischer Zeichenlehrer), um 1850.

brach liegenden Betrieb Holst. Trotz Sulzbachs Niedergang als Residenz- und Regierungsstadt gelang es Seidel, das örtliche Buchdruck- und Verlagswesen zu neuer Blüte zu führen. Er griff erfolgreiche Projekte des Verlagsprogramms auf: wie zum Beispiel die vielfältige christliche Erbauungsliteratur oder die bereits unter Lichtenthaler begründeten äußerst populären *Sulzbacher Kalender*. Dieses Konzept verhalf dem Verlag zu überregionaler Bekanntheit.

Das von ihm zu Teilen erworbene Schlossareal ließ Seidel für seine Bedürfnisse als Betriebs- und Wohngebäude renovieren und umgestalten. Es wurde zum Sitz des bedeutendsten bayerischen Verlags im frühen 19. Jh.

Zum Kreis um den Verleger Seidel gehörte die berühmte bayerische Ärztefamilie Schleis von Löwenfeld: Christoph Raphael Schleis von Löwenfeld war nach seinem Medizinstudium zunächst Stadtphysikus in Sulzbach und zuständig für die Ausbildung der angehenden Land- und Wundärzte. Mit Entstehung der modernen Verwaltungsstruktur in Bayern wurde Schleis beamteter Landgerichtsarzt, quasi der erste Amtsarzt. Er engagierte sich stark für die neue Pockenschutzimpfung. Durch seinen Einfluss führte Bayern bereits 1807 den Impfzwang ein. Als einer der ersten Ärzte befasste sich Schleis mit dem Zusammenhang zwischen Lebensumständen und Ge-

SEIDELS PANTHEON

Im westlichen und nördlichen Außenbereich des Schlosses, direkt an der Felskante, ließ Johann Esaias von Seidel einen eindrucksvollen Terrassengarten anlegen. Ein Weg von der Nürnberger Straße führte am Felsen entlang hinauf in die parkähnliche Anlage mit den repräsentativen Wasserspielen. Als krönender Abschluss befand sich oben auf einem Plateau das »Pantheon«, ein Ruhmestempel. Diesem Bauwerk fiel um 1818/19 der zweite große Turm der ehemaligen Burg, mittlerweile Hussenturm genannt, zum Opfer. Florale Muster schmückten das Innere des Rundtempels, eine Kassettierung die Kuppel. In Rundbogennischen waren insgesamt 18 Gipsbüsten damals bekannter Persönlichkeiten ausgestellt, darunter Kurfürst Karl Theodor, König Max I. Joseph, der Regensburger Bischof Johann Michael Sailer und sogar Seidel selbst. Oben auf dem Dach thronte die römische Göttin Minerva als Bleiskulptur, ein Werk des Münchner Hofbildhauers Joseph Heinrich Kirchmayer. 1862 wurde die Ruhmeshalle auf dem Schlossfelsen wieder abgebrochen.

sundheit der Bevölkerung, was ihm überregionale Aufmerksamkeit einbrachte.

Schon seinem Vater Bernhard Joseph Schleis von Löwenfeld oblag zuvor als Stadtphysikus das Aufgabengebiet Seuchenvorkehrungen, aber auch sämtliche andere medizinische Belange vor Ort. Im Rahmen dessen führte er – gegen den Widerstand der Menschen – die ersten Pockenschutzimpfungen durch. Als Leibarzt der Pfalzgräfin Franziska Dorothea war er in die Vorgänge um den Wunderheiler Gaßner involviert. In den Bereichen Kräuterkunde, Alchemie, Hebraistik, aber auch bei archäologischen Grabungen engagierte er sich mit zahlreichen eigenen Forschungen.

Bereits Anfang des 18. Jhs. war es zur Wiederbelebung der Idee des Rosenkreuzertums gekommen, basierend auf der von Johann Valentin Andreae im 17. Jh. erfundenen Figur des Christian Rosenkreutz. Mit einer gewissen Nähe zum Freimaurertum bildeten sich jetzt geheime Gesellschaften. Diesen war gemeinsam die Vereinigung von alchemistischen und

Johann Esaias von Seidel – Stahlstich von Carl Mayer nach einer Zeichnung von Johann Hauber, 2. Viertel 19. Jh.

christlichen Ideen mit der christlichen Kabbala des Christan Knorr von Rosenroth. Mit seiner gewichtigen Position innerhalb dieser Bruderschaft machte Bernhard Schleis von Löwenfeld Sulzbach zu einem Zentrum dieser Bewegung in Süddeutschland. Noch mehrere Generationen lang setzte sich in der Familie Schleis von Löwenfeld die Tradition des Arztberufs fort bis zur Stellung als Leibarzt der Könige Maximilian II. und Ludwig II.

Auf den Spuren Franciscus van Helmonts, Christian Knorr von Rosenroths und Pfalzgraf Christian Augusts glich

Seidels Verlag einer Art »Gelehrtenhof 2.0«. 150 Jahre nach den Forschungen der Vorgänger wurden die ideengeschichtlichen, naturwissenschaftlichen und metaphysischen Themen in ähnlicher Form weitergeführt. Wissenschaftliche Publikationen gehörten zum Verlagsprogramm, genauso wie literarische und religiöse Schriften. Seidel selbst war geprägt von ähnlich ökumenisch-tolerantem Denken wie seinerzeit Pfalzgraf Christian August. Auch Seidel strebte ein konfessionsübergreifendes Projekt an in Form einer interkonfessionellen Bibel für Lutheraner, Reformierte und Katholiken. Diese Übersetzung des Theologen Leander (eigentlich Johann Heinrich) van Eß von 1810 wurde zu einem für diese Zeit einmaligen und sehr erfolgreichen Projekt, allerdings 1821 vom Papst teilweise indiziert. Eine neue katholische Ausgabe, ein Werk des ausgerechnet aus Sulzbach stammenden Theologen und Philologen Joseph Franz von Allioli sollte ab 1830 Seidels ökumenische Bibel verdrängen.

Die Vorgänge um sein Bibelprojekt hatten Seidel sehr belastet, vor allem auch gesundheitlich. Er starb 1827. Seine Söhne Carl Christoph Adolph und Friedrich Wilhelm Alexander mussten nach Betriebsübernahme zunehmend gegen konservative Kräfte kämpfen. Nach dem Tod seines Bruders verkaufte Adolph von Seidel 1854 die Druckerei an den Regensburger Verlag Friedrich Pustet. Das übernommene Schlossgelände wurde 1861 an den Staat Bayern weiterverkauft. Den Firmensitz der Druckerei verlagerte man an den heutigen Luitpoldplatz. 1877 wurden Dietrich und Johann Wotschak die neuen Eigentümer von Verlag, Druckerei und Buchhandlung Seidel.

Ansiedlung der Maxhütte

Rosenberg hatte Anfang des 19. Jhs. 555 Einwohner. Als Ortsteile zählten neben Rosenberg selbst Arzhaus, Breitenbrunn, Fürstenmühle, Grafmühle, (Hammer-)Philippsburg, Hitzelmühle, Hub, Lobenhof, Lohe, Oberschwaig, Pulvermühle, Schwedenmühle und Spitzermühle. Es war als Ruralgemeinde organisiert, mit einem Gemeindevorsteher (später Bürgermeister) und einem Gemeindeausschuss mit acht Mitgliedern. Die Gemeindeversammlung mit grundbesitzenden und steuerzahlenden Bürgern hatte beratenden Charakter. Haupterwerbsquellen der Einwohner waren vor allem Handwerks- und Mühlenbetriebe, bis sich dann in Rosenberg große Veränderungen ankündigten.

1853 war in Maxhütte-Haidhof (im heutigen Landkreis Schwandorf) der eisenverarbeitende Betrieb Eisenwerkgesellschaft Maximilianshütte gegründet worden, benannt nach dem bayerischen König Maximilian II. Vor allem der rasche Ausbau des Schienennetzes durch den Aufschwung der Eisenbahn sorgte für eine wachsende Nachfrage bei der Stahlproduktion. 1863 entschloss man sich zur Gründung eines zweiten Werks in Rosenberg. Zwei Kokshochöfen wurden bis 1864 hier errichtet. Die Entwicklung Rosenbergs zum »Industriedorf« hatte begonnen.

Bereits 1859 waren die Erzlager im Sulzbacher Raum als eigene Rohstoffgrundlage erworben worden. Diese sollten sich im Konkurrenzgeschäft der Stahlbetriebe untereinander als wesentlicher Vorteil erweisen. Der Kauf weiterer Erzgruben im Hersbrucker Raum und die Gründung eines Zweigwerks in Unterwellenborn in Thüringen verhalfen der Maxhütte zum raschen Aufstieg. Doch gab es auch Rückschläge, die Stilllegung des Werks Rosenberg drohte. Einen neuerlichen Aufschwung brachte die Entwicklung des Thomas-Stahl-Verfahrens, einer Variante des bisherigen Bessemer-Verfahrens und geeigneter für Sulzbacher Erze. Seit 1883 verband eine Seilbahn die Gruben mit der Maxhütte, was Pferdefuhrwerke unnötig machte. 1892 verlegte man die Hauptverwaltung hierher. Rosenberg hatte sich zum Standort eines integrierten Hüttenwerks mit Hochofen, Stahlwerk, Block- und Schienenwalzwerk entwickelt. Einschließlich der Bergarbeiter stieg die Zahl der Arbeitskräfte im Rosenberger Werk bis 1914 von 200 auf 1.400. Insgesamt beschäftigte die Maxhütte in der Oberpfalz jetzt 3.600 Mitarbeiter und weitere 1.000 in Sachsen und Thüringen. Damit konnte man mit den Betrieben im Ruhrgebiet durchaus konkurrieren.

Luftaufnahmen von Sulzbach (links) und Rosenberg (rechts) kurz vor dem Zusammenschluss zur Doppelstadt, Ende 1920er-/Anfang 1930er-Jahre.

Die Bedeutung der Maxhütte erstreckte sich nicht allein auf die Arbeitsplätze. Von Anfang an engagierte man sich als sozialer Arbeitgeber: Bereits um 1900 wurden zum Beispiel die ersten Werkswohnungen gebaut, die man preisgünstig vermietete. Daneben profitierte die Belegschaft von zahlreichen weiteren Sozialleistungen wie Betriebsrenten oder vergünstigten Darlehen.

Das Verhältnis der Betriebsleitung zu den Behörden in Rosenberg war ein zweischneidiges. In vielerlei Hinsicht profitierten die Rosenberger von dem Werk: Nachdem bisher Hausbrunnen den Wasserbedarf deckten, hatte man jetzt Zugang zur werkseigenen Wasserleitung, genauso wie zum werkseigenen Stromnetz. Oftmals wurde bei Entscheidungen aber ein gewisser Druck seitens der Maxhütten-Direktoren ausgeübt mit dem Hinweis auf Wegfall von derlei Vergünstigungen.

Im Zuge der Maxhüttenansiedlung wurde Rosenberg kurz darauf Eisenbahn-Güterstation. Das erste Bahnhofsgebäude wurde 1877 errichtet. Der Ort selbst vergrößerte sich rasch. So kamen um die Jahrhundertwende bis nach dem

Ersten Weltkrieg die Wohngebiete Meierfeld, Windschnur, Hubberg und Tafelberg dazu. Bis 1933 wuchs die Einwohnerzahl auf 3.700. Bald wurden die Räume der bisherigen Schulen zu klein. 1896 wurden das evangelische Schlössl-Schulhaus und das sogenannte »obere« katholische Schulhaus errichtet. Beide mussten in den folgenden Jahren immer wieder erweitert werden, 1909 folgte mit dem »unteren« katholischen Schulhaus ein weiteres Gebäude. Ebenso war die Kirche St. Johannis zu klein geworden. 1899 wurde die im neugotischen Stil errichtete katholische Herz-Jesu-Kirche geweiht. St. Johannis war fortan rein evangelisch, das Simultaneum in Rosenberg war aufgelöst.

Zwischen den Kriegen: Hakenkreuz und Doppelstadt

Maxhütte unterm Hakenkreuz

Die Folgen des Ersten Weltkriegs – Betriebsunterbrechungen, Kohlemangel und dergleichen – bedeuteten natürlich auch für die Maxhütte einen Einschnitt. 10 % der Arbeitskräfte waren im Krieg gefallen. Erst ab 1921 stieg die Produktion wieder an. Die weitere Entwicklung verlief parallel zur Wirtschaftslage der neu gegründeten Weimarer Republik: Krise durch Inflation, Erholung durch Währungsreform, Hochphase in den Goldenen Zwanzigerjahren, Rückschlag durch die Weltwirtschaftskrise in Form von Stilllegungen mehrerer Teilbetriebe und drastischem Personalabbau.

Seit 1929 war der Flick-Konzern Haupteigner. Ab 1933, mit der NS-Machtergreifung, profitierte die Maxhütte wieder vom allgemeinen Aufschwung. Führerprinzip und Gleichschaltung hielten Einzug. Der Geschäftsleiter hieß jetzt Betriebsführer, die Belegschaft wurde zur Gefolgschaft, man war Mitglied der Deutschen Arbeitsfront (DAF).

Weil die Maxhütte zur kriegswichtigen Produktion gehörte, banden die neuen Machthaber sie immer stärker in den staatlichen Lenkungsapparat ein. Mehr Kapazität benötigte mehr Arbeitskräfte, doch Wehrpflicht und Reichsarbeitsdienst zogen viel Personal ab. Ab Ende 1941 wurde dies mit Kriegsgefangenen ausgeglichen. Bis zu 700 hauptsächlich russische, aber auch serbische, französische, italienische und belgische Kriegsgefangene waren bis zum Kriegsende im April 1945 in den Gefangenenlagern am Loderhof und am Schlackenberg inhaftiert. Sie alle litten unter hohem Arbeitspensum, Mangelernährung, schlechten bis gar keinen Hygienemöglichkeiten und vielen Schikanen. Das dunkelste Kapitel der Betriebsgeschichte war angebrochen.

Gleichschaltung in Rosenberg und Sulzbach

Rosenberg hatte sich in den 1920er-Jahren endgültig zur Industriegemeinde gewandelt. Auch auf kommunalpolitischer Ebene hatte sich der Ort weiterentwickelt: Bisher war die Gemeindeverwaltung nebenamtlich von Lehrern übernommen worden. Durch das Anwachsen der Aufgaben aufgrund des starken Bevölkerungszuwachses stellte man jetzt hauptamtliche Verwaltungskräfte ein. Die Gendarmeriestation stockte man personell auf. Ein Rathaus wurde gebaut. Eine rote Rose auf grünem Dreiberg mit Schlegel und Hammer auf silbernem Feld zeigte das neue Rosenberger Wappen. Denn seit 1927 durften auch Ruralgemeinden ein eigenes Wappen führen.

Mit der Wahlordnung von 1919 erhielten Frauen in Deutschland erstmals das Recht zu wählen. Im Juni desselben Jahres wurde der Rosenberger Gemeinderat neu gewählt. Von 15 Sitzen erhielt die SPD unter dem Namen »Glück auf« sechs Sitze und wurde stärkste Fraktion. Als erste Frau gehörte ihr Sophie Dürr an.

Ein demokratisch gewählter Gemeinderat bestand bis zur Auflösung im April 1933. Nach dem »Gesetz zur Gleichschaltung der Länder mit dem Reich« mussten alle Gebietskörperschaften nach den Reichstagswahlergebnissen vom 5. März 1933 umgestaltet werden. Wie überall in Deutschland waren auch in Rosenberg die Ergebnisse für die NSDAP mit nur 26,7 % weit hinter den Erwartungen zurückgeblieben. Bis Mai war hier schließlich die Gleichschaltung abgeschlossen.

In Sulzbach erhielt die NSDAP mit 33,8 % nur etwas mehr Stimmen, während im Umland immerhin bis zu 53 % erreicht wurden. Bereits am 30. Januar 1933, dem Tag der Machtergreifung in Berlin, hatte die NSDAP-Ortsgruppe einen Fackelzug durch die Stadt abgehalten, mit anschließender Ansprache ihres Kreisleiters Paul Arendt.

1903 in Zwickau geboren, war Arendt in den 1920er-Jahren zunächst als Angestellter der Maxhütte nach Sulzbach gekommen. Schon bald danach trat er öffentlich als Anhänger der Nationalsozialisten in Erscheinung. Seit 1924 betrieb er den Verkauf von Devotionalien und paramilitärischer Ausrüstung. Dies baute er bis 1933 aus zum Vertrieb von Kleidung, Schuhwaren, »Völkischem« und »Paramilitärischem« mit Versandhandel und Ladengeschäften in Sulzbach, Amberg und später auch Nürnberg. Beschrieben wurde Arendt als ehrgeizig, heuchlerisch, zu Effekthascherei neigend, mit cholerischem Wesenszug, aber auch als gewiefter Geschäftsmann, als Propagandist und raffinierter Taktiker. Seine Geschäftsinteressen standen an erster Stelle, weshalb er auch nach 1933 Kontakte zu Juden hielt.

Bereits am 7. März 1933 stürmte unter seiner Führung ein SA- und SS-Trupp das Rathaus. Spätestens am 9. März war Sulzbach komplett in der Hand der Nationalsozialisten. Bis September hatte man auch hier den Stadtrat gleichgeschalten.

Zwangsehe Sulzbach-Rosenberg

Sofort begann Paul Arendt mit der Realisierung seiner Ziele. Genauso wie sein »Vorbild« in Berlin, wusste er diese propagandistisch geschickt zu vermarkten: Bau und Eröffnung des Sulzbacher Stadtbads am Philosophenweg und die Anlage eines Parks um den Stadtweiher gehörten ebenso dazu wie die Errichtung neuer Wohnsiedlungen, zum Beispiel am Feuerhof.

Mit der Stationierung eines Ergänzungsbataillons (1935 bis 1939) und einer Heeres-Unteroffiziers-Vorschule (1940 bis 1942) war man erneut Garnisonsstadt. Das Projekt mit den weitreichendsten Folgen jedoch war die geplante Zusammenlegung der beiden Orte Sulzbach und Rosenberg zur Doppelstadt. Sulzbach hatte zu diesem Zeitpunkt 6.200 Einwohner und Rosenberg 3.700. Paul Arendt hoffte, so die magische Grenze von 10.000 Einwohnern überschreiten zu können. Dies sollte der Stadt zukünftig eine Aufwertung in Form von neuen Behörden, aber auch wirtschaftliche Vorteile bringen. Außerdem gab es eine Werbekampagne, die Sulzbach-Rosenberg als Urlaubsort, ja sogar als Luftkurort (obwohl Industriestandort!) bekannt machen sollte.

Eine gemeinsame Sitzung der Sulzbacher und Rosenberger Gemeinderäte im Schlössl »Franziskaruh« besiegelte im April 1934 die (Zwangs-)Vereinigung der beiden Orte zum 1. Juli. Der Rosenberger Rat war mehr oder weniger überrumpelt worden und hatte keine andere Wahl. Der neu ernannte Stadtrat bestand zu gleichen Teilen aus Sulzbacher und Rosenberger Räten und konstituierte sich noch im Juli. Der bisherige Bürgermeister Franz Bauer trat zugunsten von Paul Arendt zurück. Zu Ehren des neuen Stadtoberhaupts fand am 20. Juli ein Festakt mit Fackelzug statt.

Arendts Erweiterungspläne für die Stadt waren damit jedoch noch nicht abgeschlossen. Er richtete sein Augenmerk jetzt auf die Gemeinde Großalbershof. Neben weiteren Einwohnern würde dieser Ort auch einen zusätzlichen Bahnhof mitbringen. Zusammen mit den Stationen Sulzbach und Rosenberg ließe sich dann das Ziel eines wichtigen Eisenbahnknotenpunkts verwirklichen. Zum 1. April 1935 wurde Großalbershof mit den Ortsteilen Etzmannshof, Forsthof, Gallmünz, Großenfalz, Grottenhof, Lindhof und Rummersricht mehr oder weniger freiwillig eingemeindet. Insgesamt hatte Sulzbach-Rosenberg jetzt 10.500 Einwohner.

Die Vereinigung wurde als Großtat vermarktet, aber die Menschen standen dem eher zurückhaltend gegenüber. Man hatte gegenseitige Vorurteile, die »spießigen Bürger« in Sulzbach und die »einfachen Arbeiter« in Rosenberg. Das »Dorf« war jetzt nur noch ein Stadtteil des neuen Gebildes statt ein eigenes Gemeinwesen. Das ehemalige Rathaus wurde zu einer Dienststelle der Stadtverwaltung degradiert. Ein Jahr später hatten alle Behörden die Bezeichnung Sulzbach-Rosenberg übernommen. Erst 1938 wurde nach langen Diskussionen die Übernahme des historischen Lilienwappens für die Doppelstadt beschlossen. Das gotische Rathaus war als Provisorium vorgesehen, geplant war ein Neubau zwischen den beiden Ortsteilen. Dies sowie weitere Großmachtpläne konnte »Oberbürgermeister« Paul Arendt, wie er sich nun nannte, jedoch nicht verwirklichen. Ab 1936 wurde die prekäre finanzielle Situation der Stadt immer offensichtlicher, bedingt vor allem durch Arendts ehrgeizige Projekte. Maßlose Übertreibungen und teils undurchsichtige, auch betrügerische Geldgeschäfte verschlechterten seine Stellung innerhalb der NSDAP. Außerdem stand jetzt wieder ein bislang von der Gauleitung verschlepptes Gerichtsverfahren gegen Arendt wegen übler Nachrede im Raum. Im September 1936 erklärte er schriftlich seinen Verzicht auf das Bürgermeisteramt.

Nach dem Krieg urteilte die Spruchkammer zu seiner Entnazifizierung: »Arendt war die Seele des Nazismus in Stadt und Landkreis. Hat die Machtübernahme schon zwei Tage früher als im übrigen Bayern hier mit Gewalt durchgesetzt […] Typischer Kreisleiter mit allen diktatorischen Begleiterscheinungen […] Die Bevölkerung stand während seiner Machtzeit stets unter starkem Druck.« Letztendlich wurde Paul Arendt als »Minderbelasteter« eingestuft, unter anderem ließen sich wohl »Akte menschlichen Entgegenkommens insbesondere gegenüber Juden« belegen. Ab 1949 bauten er und seine Familie die Textilhandelskette Arendt Mode KG (»Der modische Arendt«) auf. Hauptsitz wurde Bamberg, wo Arendt 1994 starb.

Auflösung der jüdischen Gemeinde

1904 lebten nur noch 56 Juden in der Stadt. In den 1920er-Jahren waren in der Synagoge keine Gottesdienste mehr möglich, da die dafür nötige Zahl von zehn erwachsenen Männern nicht mehr erreicht werden konnte.

1934 wandte sich Bürgermeister Paul Arendt an die letzte in Sulzbach verbliebene jüdische Familie Prager, mit der Anfrage, der Stadt das Synagogen-Gebäude zu überlassen. Er wollte in dem Gebäude das 1907 eröffnete Sulzbacher Heimatmuseum – gegründet vom evangelischen Stadtprediger Richard Pfeiffer – unterbringen. Die Exponate befanden sich zu diesem Zeitpunkt im Rathaussaal. Nun war man auf der Suche nach einem geeigneten Museumsgebäude. In einem Vertrag mit David Prager einigte man sich darauf, dass das Gebäude ausschließlich kulturellen Zwecken dienen sollte. Außerdem sollte der bauliche Charakter erhalten bleiben. 1936 emigrierte die Familie Prager in die USA.

Die Talmud-Ausgabe »Sulzbach rot« (1755 bis 1762) ist Teil der Ausstellung in der Synagoge. In hebräischer Sprache ist unter dem Druckerzeichen »In Sulzbach« in roter Farbe gedruckt.

Die nachfolgende Nutzung als Museum war sicherlich der Grund, warum die ehemalige Sulzbacher Synagoge während der Pogromnacht im November 1938 nicht zerstört wurde. Anders das Inventar. Auf Wunsch der jüdischen Gemeinde waren die Tora-Nische zugemauert und die liturgischen Gegenstände allesamt zur jüdischen Gemeinde nach Amberg verbracht worden. Einzig die Torarolle von 1793 konnte in dieser verhängnisvollen Nacht vom Amberger Rabbiner gerade noch rechtzeitig versteckt werden, alles andere fiel dort der Zerstörung zum Opfer.

ERINNERN UND BEGEGNEN

In den 1950er-Jahren wurde das Synagogengebäude von einer Sulzbacher Geschäftsfamilie erworben. Mit umfangreichen Baumaßnahmen machte diese ein Wohnhaus mit Lagerräumen für ihren Betrieb daraus. Bis auf das erhaltene Eingangsportal erinnerte rein äußerlich kaum mehr etwas an den ehemaligen liturgischen Ort. 2008 wurde das Gebäude von der Stadt gekauft mit dem Ziel, eine Erinnerungs- und Begegnungsstätte zu errichten. Kurz vor Auflösung der jüdischen Gemeinde 1934 war der Innenraum fotografisch dokumentiert worden. Außerdem waren Originalbaupläne aus dem 19. Jh. zugänglich. Beim Umbau in ein Wohnhaus war zwar vieles verändert worden, aber vieles auch erhalten geblieben, so die Säulen oder die vergitterten Fenster im Erdgeschoss. Deshalb konnten in der Sanierungsphase bis 2013 Innenraum und Fassade originalgetreu rekonstruiert werden; Frauenempore und Kuppel wurden wiederhergestellt. Um den Verlust der ursprünglichen liturgischen Ausstattung nicht zu übergehen, wurden Tora-Nische und Standort für Bima (Lesepult) lediglich mit Umrissen in Wand und Boden angedeutet.

Im Mittelpunkt der Ausstellung steht, neben der Baugeschichte der Synagoge, die Erinnerung an die Geschichte der jüdischen Gemeinde und der Sulzbacher Druckereien.

Das regelmäßige Angebot von Konzerten und Vorträgen macht die ehemalige Synagoge zu einer besonderen Begegnungsstätte.

Die Sulzbacher Torarolle wurde erst 2015 zufällig wiedergefunden. Mit Stadtbrand, Pogromnacht und Krieg hatte sie drei verheerende Ereignisse überstanden. Rund ein Jahr dauerte ihre Restaurierung in Israel. Zum Holocaust-Gedenktag am 27. Januar 2021 im Bundestag wurden die letzten Schriftzeichen unter großem Medieninteresse fertiggestellt. Seit Kurzem ist die historische Torarolle wieder zurück in der Oberpfalz.

Das Sulzbacher Heimatmuseum befand sich bis zur Beschlagnahmung und Räumung durch die amerikanischen Militärbehörden 1945 in der ehemaligen Synagoge.

Heute: Provinzstadt oder Mittelpunkt der Welt?

Nachkriegszeit

Wie vielerorts endete der Zweite Weltkrieg in Sulzbach-Rosenberg mit der Einnahme der Stadt durch amerikanische Truppen. Nach heftigem Artilleriebeschuss rückten die ersten Soldatenverbände am frühen Nachmittag des 22. April 1945 ein. Nach der Besetzung wurde im Amtsgerichtsgebäude in der Rosenberger Straße die Militäradministration eingerichtet.

Von größeren sichtbaren Kriegsschäden an Gebäuden war die Stadt zwar verschont geblieben, doch auch hier verschlechterte sich noch die schon bestehende Mangellage. Schon in den letzten Kriegstagen hatte es in der Stadt nur noch stundenweise Wasser und Strom gegeben, auch das Telefonnetz war schließlich zusammengebrochen. Aufgrund vieler Gefallener und Kriegsgefangener fielen Männer als Arbeitskräfte aus. Zerstörte Eisenbahnstrecken und Straßen behinderten weiterhin Warentransport und Verkehr. Als besonders gewaltsam empfand die Bevölkerung die rigorose Beschlagnahmung von privaten Anwesen, aber auch Sachgegenständen, durch die amerikanischen Militärbehörden. Die größte Herausforderung jedoch sollte die Bewältigung der enormen Flüchtlingszuzüge und deren Unterbringung werden. Bis 1949 wuchs die Einwohnerzahl an auf über 18.000 (zum Vergleich bei Kriegsbeginn: 11.400). Entnazifizierungsverfahren, Wiederaufbau der kommunalen Verwaltung und erste demokratische Wahlen auf Gemeindeebene folgten: 1945 war Johann Häusler, bereits in den 1920er-Jahren Bürgermeister, von der Militärregierung ins Amt berufen worden. Er wurde 1946 vom ersten gewählten Nachkriegsbürgermeister Herbert Seyschab abgelöst. Mit der Währungsreform 1948 begann auch hier der wirtschaftliche Aufschwung.

Niedergang der Maxhütte

Auch die Maxhütte hatte rein äußerlich keine großen Schäden davongetragen, aber bis Kriegsende war die Produktion zum Erliegen gekommen. Außerdem stand das Werk jetzt im Zuge der zu leistenden Reparationen auf der Demontageliste der Alliierten. Dies konnte letztendlich verhindert werden, aber durch die spätere Teilung Deutschlands gingen die Werke in Sachsen und Thüringen verloren.

Nachdem man seitens der Siegermächte die deutsche Wirtschaftskraft zunächst so gering wie möglich halten wollte, schwenkte man später mit dem Marschallplan in dieser Taktik um. In Rosenberg wurde 1946 die Produktion wieder aufgenommen, limitiert auf 25 % der Zahlen von 1938. Die Situation besserte sich nur allmählich. Unter den Beschäftigten herrschte aufgrund hoher Flüchtlingsanteile eine starke Fluktuation. Der große Aufschwung kam schließlich mit der Währungsreform. In den Wirtschaftswunderjahren zeigte sich die Maxhütte dann wettbewerbsfähig und fortschrittlich. 1954 wurde ganz in der Nähe das Rohrwerk gegründet. Bis 1965 war man zum größten Arbeitgeber am Ort geworden mit 4.900 Beschäftigten nur im Werk Rosenberg, darunter auch zahlreiche Gastarbeiter aus Südeuropa. Die Gesamtbelegschaft in allen Standorten umfasste 9.300 Beschäftigte.

Standortnachteile gegenüber dem Ruhr- und Saargebiet wurden durch Innovation wie der Entwicklung des OBM-Verfahrens (einer weiteren Variante der Stahlerzeugung) ausgeglichen. Ein großer Vorteil waren nach wie vor die eigenen Erzgruben. Zu den bestehenden Abbaustätten wurden neue Gruben erschlossen, so ab 1958 die Grube Sankt-Anna südlich des Annabergs. Sie wurde bald zum Hauptabbaugebiet. Moderne Mechanisierung machte hier höhere Abbaumengen mit weniger Personal möglich, bis zu 2.500 Tonnen pro Tag. Eine Tag und Nacht betriebene Seilbahn übernahm auch hier den Transport des Erzes direkt zum Werk.

Mit der Energiekrise in den 1970er-Jahren begann der Niedergang: Dem Verkauf der meisten Anteile an den Klöckner-Konzern in Duisburg folgten Jahre mit Auftragsflauten. Kurz-

Die letzten Feuer der Maxhütte, festgehalten in dieser Aufnahme kurz vor der Schließung 2002.

arbeit, massiver Arbeitsplatzabbau bis hin zur Stilllegung von Werksteilen wurden begleitet von großen Demonstrationen. Am 16. April 1987 war es so weit: Der Gang in den (ersten) Konkurs ließ sich nicht mehr vermeiden. Die Gruben Sankt-Anna und Eichelberg waren bereits einige Jahre vorher stillgelegt worden. Eine viele hundert Jahre dauernde Tradition war damit in Sulzbach-Rosenberg zu Ende gegangen. Teilweise waren die Erzlager erschöpft, teilweile nicht mehr mit billigerem und besserem Erz aus dem Ausland (Brasilien, Schweden) konkurrenzfähig. Mit der letzten werkseigenen Grube Leonie in Auerbach schloss 1987 gleichzeitig das letzte Eisenerzbergwerk deutschlandweit.

Nach Gründung einer Auffanggesellschaft und mehrjähriger Suche nach Lösungen wurde am 1. Juli 1990 ein Neustart versucht: Mit dem Konzept der »Neuen Maxhütte« unter mehreren Anteilseignern wie Thyssen, Saarstahl, Krupp, Klöckner, Mannesmann und dem Bayerischen Staat und verbliebenen 1.500 Arbeitsplätzen sollte der Betrieb weitergehen. Nach weiteren Jahren des Hoffens und Bangens folgte nach einem zweiten Konkurs das endgültige Aus: »Der dampfende Riese stirbt fauchend« – so betitelte die Lokalpresse den letzten Hochofenabstich am 23. September 2002. Allein das Rohrwerk blieb erhalten. Ein Insolvenzantrag im Dezember 2021 verlangte hier eine weitere neue Lösung, die im Sommer 2022 schließlich mit einem britischen Investor gefunden wurde.

Stadtentwicklung

Mit der Krise der Maxhütte seit Mitte der 1970er-Jahre zeichneten sich mehr und mehr die Nachteile der wirtschaftlichen Monostruktur ab. Dem begann man entgegenzuwirken. Der Erwerb geeigneter Grundstücksflächen aus ehemaligem Maxhütten-Besitz im Osten und Westen der Stadt und deren Ausweisung als zukünftige Industriegebiete erwies sich als der richtige Weg. Mit Erfolg gelang die Ansiedlung größerer Betriebe, womit ein Großteil der durch die Schließung der Maxhütte verloren gegangenen Arbeitsplätze aufgefangen werden konnte. Seit 1990 befindet sich außerdem die VII. Abteilung der Bayerischen Bereitschaftspolizei mit einer Beamtenfachhochschule in Sulzbach-Rosenberg. In den Jahren nach dem ersten Konkurs der Maxhütte war eine Erhöhung der örtlichen Arbeitslosenquote auf bis zu 17 % zu verzeichnen (bayernweit damals 6,6 %). Mittlerweile liegen die Zahlen im bayerischen Durchschnitt und damit im Bereich der statistischen Vollbeschäftigung.

Die Schließung der Maxhütte war nicht der erste schwerwiegende Verlust für die Stadt: Seit der Gebietsreform 1972 gab es den eigenen Landkreis Sulzbach-Rosenberg nicht mehr. Im neuen Landkreis Amberg-Sulzbach war man nur noch eine von 27 Gemeinden, wenngleich die größte. Unter großem Protest der hiesigen Bevölkerung wurde die Nachbarstadt Amberg Sitz des Landratsamts, obwohl als kreisfreie Stadt gar nicht zum Landkreis gehörig. Eine Klage beim Bayerischen Verfassungsgerichtshof 1973 war abgewiesen worden mit der Begründung, Amberg liege verkehrsgünstiger und die dortigen Räumlichkeiten seien geeigneter. Dass die Sulzbacher Lilien ins neue Landkreis-Wappen mit aufgenommen wurden, war nur ein schwacher Trost, die Verlegung des Straßenbauamts nach Sulzbach-Rosenberg nur ein teilweiser Ausgleich. Zu Beschwerden führte auch das Amberger Kfz-Kennzeichen AM für den Landkreis. Erst 1979 wurde das eigene Kennzeichen AS eingeführt. Das ehemalige Sulzbach-Rosenberger Landratsamt (erbaut 1964) wurde 2000 zum Landkreis-Cultur-Center (LCC), indem auch die Volkshochschule Amberg-Sulzbach ihren Sitz hat.

Die Gebietsreform brachte andererseits Gebietszuwachs aufgrund Eingemeindungen zahlreicher Ortsteile bis 1978: Mit Grund, Kauerhof, Kempfenhof, Kleinfalz, Kropfersricht, Kummerthal, Niederricht, Obersdorf, Prangershof, Prohof, See, Seidersberg, Siebeneichen, Stephansricht, Stifterslohe, Untermainshof, Unterschwaig und den bereits 1934/35 erfolgten Eingemeindungen zählt die Stadt heute 27 Ortsteile.

Anfang der 1960er-Jahre wurde erstmals die 20.000-Einwohner-Marke überschritten. Mit der Krise der Maxhütte setzte in den 1970er-Jahren ein stetiger Bevölkerungsrückgang ein. Nachdem durch Zuzug von Übersiedlern aus Osteuropa in den 1990ern die Marke von 20.000 zeitweise nochmals überschritten wurde (mit einem Höchststand 2001 von 21.162) ist die Zahl in den letzten Jahren leicht rückläufig. Aktuell (Stand Juni 2022) liegt sie bei 19.300.

Bis Mitte der 1950er-Jahre hatten Wohngebiete wie die Hugo-Geiger- und Franz-Fischer-Siedlung Sulzbach und Rosenberg optisch zusammenwachsen lassen. Gleichzeitig begann man, mit der Zusammenlegung der Strom- und Wasserversorgung eine gemeinsame Infrastruktur zu schaffen. Ebenfalls in den 1950ern wurde das neue städtische Krankenhaus auf dem Spittlberg (Spitalberg) errichtet. Träger des Sankt-Anna-Krankenhauses ist heute der Landkreis, die medizinische Versorgung erfolgt nach modernen Standards.

Seit 1978 gibt es mit der Krötensee-Schule eine gemeinsame Mittelschule. Die Jahn-Schule in Rosenberg und die Pestalozzi-Schule in Sulzbach, seit den 1950er-Jahren die dortigen Hauptschulen, werden seitdem als Grundschule im jeweiligen Stadtteil genutzt. Zusammen mit Realschule, Gymnasium, sonderpädagogischem Förderzentrum, beruflichem Schulzentrum, der Berufsfachschule für Musik und den Berufsfachschulen für Pflege ist ein breites Schulspektrum abgedeckt. Seit 1956 finden Kinder, Jugendliche und Erwachsene in der städtischen Sing- und Musikschule eine große Auswahl an Lehrgängen für Instrumentalspiel, Solo- oder Chorgesang.

Eine beliebte Freizeiteinrichtung ist das städtische Waldbad in Rosenberg. Beheizte Schwimmbecken, eine neue Spaßrutsche, neu gestaltete Umkleide- und Duschbereiche, dazu großzügige Liegeflächen präsentieren sich nach Abschluss der Sanierung seit 2022/23 in völlig neuem Gewand.

Ökumene

Schon seit Mitte des 19. Jhs. hatte es Erwägungen gegeben, das Simultaneum auch im Stadtteil Sulzbach aufzulösen. Beide Konfessionen hatten Stiftungen gegründet, um entweder die Pfarrkirche als alleiniger Eigentümer zu erwerben oder eine neue Kirche zu bauen. Die katholische Gemeinde hatte auch bereits ein geeignetes Gelände in der Neustadt gekauft, doch hatte man den Neubau aus finanziellen Gründen erst einmal wieder auf Eis gelegt.

Zunächst zwangen die schlimmen Folgen des Zweiten Weltkriegs noch zu gemeinsamem Handeln. Doch wurde der Wunsch größer, den Zustand ewiger Eifersüchteleien definitiv zu beenden. Beschleunigt wurde das Vorhaben schließlich durch den Zuzug von Flüchtlingen und Vertriebenen. St. Marien war als Simultankirche endgültig zu klein geworden. 1954 erwarb die protestantische Gemeinde das für einen Kirchenneubau vorgesehene Grundstück der Katholiken in der Neustadt. Noch im gleichen Jahr wurde die Auflösung des Simultaneums im beiderseitigen Einvernehmen beschlossen. Unter der Leitung des Münchner Architekten Gustav Gsaenger entstand im sachlichen Stil der Zeit die evangelische Christuskirche, die 1958 geweiht wurde. Seither prägen die Türme beider Kirchen Seite an Seite die ökumenische Silhouette Sulzbachs.

Das heutige Zusammenleben der beiden christlichen Konfessionen (aktuell sind die Katholiken mit einem Anteil von 52 % minimal in der Überzahl) steht ganz selbstverständlich im Zeichen der Ökumene: bei gemeinsamen Gottesdiensten zu besonderen Anlässen oder beim gemeinsamen Projekt des ökumenischen Kleiderlagers. Genannt sei auch die Ökumenische Sozialstation für Tagespflege und häusliche Altenpflege, in der sich Institutionen beider Konfessionen gemeinsam engagieren. Seit 2015 können die Kirchen des ehemaligen Sulzbacher Fürstentums auf ausgewählten Fahrradrouten, dem Simultankirchen-Radweg, erkundet werden – ein weiteres erfolgreiches ökumenisches Projekt. Einige dieser Kirchen werden auch heute noch immer simultan genutzt.

Doch das Zusammenleben beschränkt sich heute natürlich nicht mehr nur auf die christlichen Konfessionen. Migranten aus anderen Kulturen machen auch hier die Gesellschaft vielfältiger und bunter, was zukünftig noch andere ökumenische Wege mit sich bringen wird.

Profilsuche

Erfolgreiche neue Wege beschritt man in jüngster Zeit vermehrt im Bereich Kultur: Konzerte, Kabarett oder Lesungen konnten sich im städtischen Veranstaltungskalender fest etablieren. Zusammen mit jährlichen Großevents wie Altstadtfest, Annabergfest oder Kirchweihfesten verleihen sie der Stadt ein ganz spezielles Profil. Daneben erwecken große und kleine Projekte die »Highlights« der Stadthistorie wieder zum Leben. In den oberen Schlossgebäuden befinden sich seit 1999 die Räume des Straßenbauamts, in der ehemaligen Schlosskaserne haben Musikschule und Stadtbibliothek ihre Heimat gefunden, die örtliche Polizeidienststelle im ehemaligen Salesianerinnenkloster. Die Knorr-von-Rosenroth-Schlossfestpiele jedoch wollen in einem dreijährigen Turnus barockes Flair wenigstens in den Schlosshof zurückbringen. Seit 1990 wurden und werden zudem in zahlreichen Publikationen interessante Themen zur Stadtgeschichte einer breiten Leserschaft zugänglich gemacht (z. B. Schriftenreihe des Stadtmuseums und Stadtarchivs, Veröffentlichungen der Knorr-von-Rosenroth-Gesellschaft).

Manch bedeutender Ort der Sulzbach-Rosenberger Geschichte existiert leider nur noch auf Abbildungen, zum Beispiel der Hofgarten. Und einiges wurde verändert: Weil die Stadt Geld brauchte, verkaufte sie im Laufe des 19. Jhs. Teile der ehemaligen Wehrmauer an Privatleute, die Wohngebäude daran anbauten. Nachdem die südlichen Stadttore bereits dem Stadtbrand zum Opfer gefallen waren, wurden Ende des 19. Jhs. auch die anderen drei Tore abgebrochen – wegen angeblicher Baufälligkeit, aber auch aus verkehrstechnischen Gründen. An das ehemalige Rosenberger Tor im Osten der Stadtmauer erinnert heute der 1978 errichtete Stadtturm. Andere Teile der Wehrmauer wurden saniert, die ehemaligen Türme teilweise in (Ferien-)Wohnungen umgebaut. Als noch junges Projekt präsentiert sich seit Kurzem unterhalb der nördlichen Stadtmauer ein Geschichtspfad: Zusammen mit dem Drachen Ystorion können sich nicht nur Schulklassen ein anschauliches Bild von der Stadtgeschichte machen.

Seit 1975 haben im Rahmen der Altstadtsanierung zahlreiche öffentliche und private Projekte (Rathaus, Synagoge und Weißbeckhaus wurden bereits erwähnt) manch historisches Gebäude in neuem Glanz (wieder) zugänglich gemacht: Im Haus des Adeligen Hans von Freudenberg (Landrichter im 16. Jh.) hat seit 1986 das Stadtmuseum eine neue Bleibe gefunden und seit 2007 das Stadtarchiv im ehemaligen Anwesen der Familie Egloffsteiner (Landrichter im 15. Jh. über mehrere Generationen). In der ehemaligen Stadtwohnung Knorr von Rosenroths und späteren Hofapotheke eröffneten 2015 die jetzigen Eigentümer ein Apothekenmuseum. Das ehemalige evangelische Schlössl-Schulhaus in Rosenberg beherbergt seit 1981 das Erste Bayerische Schulmuseum.

Als überregional gefragte Bühne für kulturelle Veranstaltungen hat sich seit 2011 der ehemalige Maschinensaal der Historischen Druckerei Seidel am Luitpoldplatz etabliert. Ende 1975 war die Druckerei endgültig geschlossen worden. Das Büchergeschäft wurde von Ingomar Wotschak bis zu seinem

Tod 2006 unter dem Namen »J.E.v.Seidel« weitergeführt, dann ab 2007 von der Buchhandlung Dorner übernommen. Das angeschlossene Café Minerva und die Veranstaltungsreihe »Minerva liest« erinnern weiterhin an die große Zeit des Verlegers Seidel.

Anfang 2020 wurde das große Anwesen von der Stadt erworben. Weitaus bedeutender jedoch ist der Schatz, der im Inneren der Räume darauf wartet, gehoben zu werden: Zahlreiche Kunst- und Alltagsgegenstände, darunter die Gipsbüsten aus Seidels Pantheon, historisches Mobiliar und Druckerequipment, dazu rund 6.500 historische Bücher ergeben ein einmaliges Denkmalensemble.

Einen Schatz zur Nachkriegsliteratur beherbergt das ehemalige Amtsgerichtsgebäude. 1977 gründete Autor und Literaturwissenschaftler Walter Höllerer hier das Literaturarchiv als

Die Göttin Minerva, einst Krone des Seidel'schen Pantheons, steht heute im Innenhof des gleichnamigen Cafés am Luitpoldplatz.

MAX UND MORITZ' VORGÄNGER

Beim Sichten des Seidel-Wotschak-Nachlasses entpuppte sich 2008 ein Fund als große Überraschung: Eine Bilderfolge von zehn Skizzen mit dem Titel *Der Kuchenteig* zeigte große Ähnlichkeit zu Wilhelm Buschs Geschichte von Max und Moritz. In einer handschriftlichen Notiz werden 50 Gulden Honorar für die Bildchen verlangt. Untersuchungen bestätigten schließlich, dass Zeichenstil und Art der Ausführung mit Sicherheit Busch zugeordnet werden können. Dieser hatte 1863 die Entwürfe anscheinend beim Verlag Seidel eingesandt, mit der Absicht der Veröffentlichung in einem der beliebten *Sulzbacher Kalender*. Busch, damals Zeichner beim Münchner Verleger Kaspar Braun und noch wenig bekannt, erhielt keine Resonanz. Mit neuem Konzept baute der Künstler die Geschichte vom »Kuchenteig« aus zur bekannten Version *Max und Moritz*, die 1865 erschien und Wilhelm Busch berühmt machen sollte. Die beim Seidel-Verlag eingesandten Entwürfe waren derweil in den Umzugswirren vom Schloss in die Räume am Luitpoldplatz in Vergessenheit geraten.

Da man geglaubt hatte, Wilhelm Buschs Werk wäre vollständig erforscht, sorgte dieser Fund in seinem 100. Todesjahr für internationale Schlagzeilen.

Dokumentations- und Kulturzentrum für nach 1945 entstandene deutsche Literatur. Die Archivierung und Ausstellung von Dokumenten wie Günter Grass' erste Fassung der *Blechtrommel* gehört ebenso zum Konzept wie Autorenlesungen. Martin Walser, Herbert Rosendorfer, Burkhard Spinnen, Julia Franck, Ingo Schulze, Daniel Kehlmann und viele andere waren zu Gast.

Ein neueres Projekt, aber ebenfalls ganz in der Tradition der großen Buchdruck- und Verlagsgeschichte der Stadt, ist die seit einigen Jahren hier stattfindende Regionalbuchmesse Oberpfalz. Das leseinteressierte Publikum kann hier in zweijährigem Turnus das neueste Angebot der ausstellenden bayerischen Verlage kennenlernen.

Weitgehend offen ist noch die Zukunft des Geländes der ehemaligen Maxhütte. Der größte Teil des Hüttenwerks ist abgetragen, nur einer der Hochöfen ist übriggeblieben. Mög-

Der Lausbub aus der Bildergeschichte »Der Kuchenteig« ist unverkennbar ein Vorgänger von Max und Moritz.

lichst als Industriedenkmal soll er erhalten bleiben. Es gäbe viele Ideen aus dem Sport- und Eventbereich, für die das Areal, mittlerweile »Hochofenplaza« genannt, eine spannende Kulisse wäre. Erst seit Kurzem liegt ein entsprechender Sanierungsplan unter Beteiligung des Freistaats Bayern vor.

Gelungen ist bereits die ökologische Sanierung des Schlackenbergs unter Regie des Regierungsbezirks Oberpfalz. Jahrzehntelange Anhäufung von Schlacke und anderer Produktionsabfälle der Maxhütte hatte vor den Toren Rosenbergs diesen künstlichen Berg entstehen lassen. Jetzt bietet sich dem Besucher, neben einem Dokumentationszentrum zur Montangeschichte, eine wunderbare Rundumsicht auf die Stadt und ihre Umgebung.

Schautafeln in Verbindung mit Rosenanpflanzungen an zentralen Orten der Geschichte machen den »Rosenpfad« zu einem besonderen Spazierweg in und um Rosenberg.

Die Geschichte des Bergbaus und der Sulzbacher Erzgruben kann zudem in mehreren Schleifen auf dem »Bergbaupfad« erwandert werden. Zusätzlich wird in einem Schau-

WELTEI-ERKUNDUNGEN

Walter Höllerer wurde 1922 als Sohn eines Lehrers in Sulzbach geboren. Nach dem Studium (Theologie, Philosophie, Geschichte, Germanistik) in Erlangen und Göttingen folgten Lehramtsprüfung und Promotion. Zunächst Dozent in Frankfurt, wurde er 1959 Professor für Literaturwissenschaft an der Technischen Universität Berlin. Seit 1954 gehörte er der Gruppe 47 an, einem Zusammenschluss junger deutschsprachiger Nachkriegsautoren. Im gleichen Jahr gründete Höllerer die Literaturzeitschrift *Akzente*. 1979 beging man mit dem Weltei-Fest im Literaturarchiv deren 25-jähriges Bestehen. Als Gips-Skulptur zum Signieren steht das Riesen-Ei seitdem im Foyer.

Mit der Gründung des Literaturarchivs wollte der Kulturpreisträger der Stadt bewusst an Sulzbachs Bedeutung als historischer Druck- und Verlagsort anknüpfen. »Provinz ist, was du daraus machst«, so lautete Höllerers Ratschlag an die Stadt angesichts der »Rückschläge« der jüngsten Vergangenheit, wie z. B. dem Verlust des Landratsamts. Man könne auch neue Möglichkeiten darin sehen.

Höllerers literarisches Werk umfasst vor allem Gedichte, Essays und Erzählungen. Eine Sammlung davon erschien 1987 unter dem Titel *Oberpfälzische Weltei-Erkundungen*.

Walter Höllerer starb 2003 in Berlin. Seinen Nachlass vermachte er dem Literaturarchiv. Seit 2007 trägt die örtliche Realschule seinen Namen.

stollen das Bergarbeiterleben unter Tage nachgestellt. Es ist angedacht, den gesamten Bereich der Montangeschichte demnächst in neuem Gewand zu präsentieren. Unter anderem soll das erhalten gebliebene Fördergerüst der Grube Sankt-Anna dann endlich einen würdigen Rahmen erhalten.

Auch wenn Sulzbach-Rosenberg vermutlich nicht der Mittelpunkt der Welt ist, wie Walter Höllerer einst über seine Geburtsstadt sinnierte, steckt doch in all diesen Projekten genügend Potenzial, sich als kleine Stadt mit großer Vergangenheit im freiheitlichen Sinne des Pfalzgrafen Christian August auch in Zukunft selbstbewusst zu präsentieren.

Anhang

Zeittafel

750–400 v. Chr.	Funde belegen Besiedlung während der Hallstatt- und Latène-Zeit im Sulzbacher Raum
8. Jh.	Vermutete Anfänge der Burg Sulzbach, erste Ansiedlung unterhalb der Burg im Bachbereich
9.–11. Jh.	Adelsfriedhof im Bereich der Burgkapelle, Metallwerkstätte im Burgbereich, älteste Befestigungsanlage
10. Jh.	Burg als Amtssitz des Nordgaugrafen unter den Grafen von Schweinfurt
1003	»urbs« (Burgstadt) im *Chronicon* von Thietmar von Merseburg; vermutlich erste Nennung Sulzbachs
um 1000–50	Übergang der Burg Sulzbach auf die Grafen von Sulzbach
um 1043–um 1080	Graf Gebhard I. Erste Burgsiedlung im Bereich des Marktviertels
um 1080–1125	Graf Berengar I.
um 1100	Ausbau der Stadtbefestigung Ausbau der Burg mit Saalgebäude und Wohnturm Vermutlich Bau der Rosenburg
1125–88	Graf Gebhard II.
1135/36	Vermählung Gertrud von Sulzbach mit König Konrad III.
1146	Vermählung Bertha von Sulzbach mit Kaiser Manuel I. Komnenos von Byzanz
1188	Burg Sulzbach an die Grafen von Grögling-Hirschberg
1252/53	Sulzbach erstmals als Rechtsbereich genannt
1253	Erstnennung Rosenbergs
um 1280–1305	Verleihung städtischer Privilegien an Sulzbach durch die Grafen von Hirschberg
1305	Sulzbach und Rosenberg an Rudolf I. und Ludwig IV. von Wittelsbach Verleihung des Grundprivilegs
1341	Kleine Hammereinung
1353–1373	Sulzbach ist Hauptstadt der neuen böhmischen Ländereien Kaiser Karls IV. Ausbau und Erweiterung von Neustadt- und Bühlviertel Anlage einer neuen Stadtbefestigung
um 1355	Baubeginn des gotischen Chors der Kirche St. Marien
1366/68	Erstnennung Rosenberger Hammer
1373	Sulzbach und Rosenberg an Pfälzer Wittelsbacher

1387	Große Hammereinung
um 1388	Ausbau des Bachviertels mit Umwehrung
1414	Jan Hus übernachtet im Gasthof Roter Krebs
1456	Baubeginn des Rathauses
1459	Sulzbach an die oberbayerischen Wittelsbacher
1481	Rosenberg wird Hofmark
um 1487/88	Baumeister Hans Behaim d. Ältere in Sulzbach
	Seitenkapellen Stadtpfarrkirche
	Bau des Weißbeckhauses
1504	Belagerung Sulzbachs im Landshuter Erbfolgekrieg
1505	Kölner Spruch
	Sulzbach und Rosenberg Teil des neu gegründeten Fürstentums Pfalz-Neuburg
1523–59	Pfalzgraf Ottheinrich I.
1536/37	Älteste Stadtansicht Sulzbachs im Reisealbum Ottheinrichs I.
1542/43	Einführung der Reformation in Sulzbach
um 1562/63	Sulzbacher Halsgerichtsordnung
1582–1604	Pfalzgraf Ottheinrich II.
	Sulzbach Residenzstadt eines Deputatfürstentums
1582/83	Ausbau der Burg zum Residenzschloss
1584–87	Hofmark Rosenberg mit Landsassengut an Ottheinrich II.
1590/91	Finanzaffäre um Sulzbacher Stadträte und Bürgermeister
1615	Erbeinung zwischen Pfalzgraf Wolfgang Wilhelm und seinen Brüdern August und Johann Friedrich
	Errichtung von »Unterherrschaften«
1615–32	Pfalzgraf August
1616–27	Gymnasium Illustre mit überregionalem Ruf
ab 1627	Gegenreformation in Sulzbach
1629	Die Pfalzgrafenfamilie verlässt Sulzbach und geht ins Exil
1618–48	Dreißigjähriger Krieg
1645–1708	Pfalzgraf Christian August
1652	Kölner Vergleich: »Simultaneum religionis exercitium« (Gleichberechtigung der Konfessionen)
1655	Rosenberger Hammer an Pfalzgraf Christian August
1656	Neuburger Hauptvergleich: Pfalz-Sulzbach erhält die Unabhängigkeit
	Stiftung der Sankt-Anna-Wallfahrt durch den Pfalzgrafen
1661	Fertigstellung der Fürstengruft unter der Stadtpfarrkirche
1664	Eröffnung der Druckerei Lichtenthaler
1666	Wohn- und Gewerberecht für Juden
ab 1668	Christian Knorr von Rosenroth Hofrat in Sulzbach
1672/73	Erste fürstliche Wasserkunst
1683	Eröffnung der Druckerei Holst
1684	Eröffnung der jüdischen Druckerei Bloch (seit 1699 Fränkel)

1687/88	Gottfried Wilhelm Leibniz zu Besuch am Gelehrtenhof Christian Augusts
1691	Einsturz des Kirchturms der Pfarrkirche, »Barockisierung« des Innenraums
1708–32	Pfalzgraf Theodor Eustach
1708	Eröffnung der Druckerei Gallwitz
1709–11	Künstlerfamilie Asam in Sulzbach
1714	Erwerb der zweiten Gebietshälfte Parkstein-Weiden
1720	Lindenallee auf ehemaliger »Schanze«
1731	Munitionsaffäre Hammerphilippsburg
	Pfalzgraf Theodor Eustach im Exil in Dinkelsbühl
1732–33	Pfalzgraf Johann Christian
1733–38	Bau des Kapuzinerhospizes mit Kirche St. Johannes am Bühlberg
1737–40	Bau der ersten Synagoge
1733/42–99	Pfalzgraf Karl Theodor (1743 Kurfürst von der Pfalz, 1777 Kurfürst von Bayern)
1752–74	Fayence-Manufaktur Hammerphilippsburg
1753–65	Bau des Salesianerinnenklosters und der Kirche St. Hedwig im Schlossareal
1753	Stiftung der Loreto-Kapelle auf dem Annaberg
1755/56	Zweite fürstliche Wasserkunst
1768–94	Pfalzgräfin Franziska Dorothea nimmt Residenz im Sulzbacher Schloss
1780–97	Übernahme der Druckereien Lichtenthaler, Holst und Gallwitz durch Johann Esaias von Seidel und Zusammenführung zu einem Betrieb
um 1786	Bau des Sommerschlösschens »Franziskaruh« in Rosenberg durch Pfalzgräfin Franziska Dorothea
1791–1808	Auflösung der Sulzbacher Regierungsbehörden
	Pfalz-Sulzbach wird Teil Bayerns unter Kurfürst Max IV. Joseph (ab 1806 König Max I. Joseph)
1802–14	Säkularisation in Sulzbach
1807	Johann Esaias von Seidel erwirbt den oberen Schlossbereich
bis 1819	Bau des Pantheons im Schlossgarten
1822	Stadtbrand
1826/27	Neubau der Synagoge
1850–1942	Sulzbach ist Garnisonsstandort
1851	Schließung der hebräischen Druckerei Arnstein (vormals Fränkel)
1854	Verkauf der Druckerei Seidel an den Verlag Friedrich Pustet Regensburg
1861	Verkauf des Sulzbacher Schlosses an den Staat Bayern

1863/64	Ansiedlung der Eisenwerk-Gesellschaft Maximilianshütte in Rosenberg
1878	Neubau einer Wasserversorgungsanlage mit Wasserwerk in der Weiherstraße
1898/99	Bau und Weihe der Herz-Jesu-Kirche in Rosenberg Auflösung des Simultaneums in Rosenberg
1900	Elektrizitätswerk und erste elektrische Straßenbeleuchtung
1907	Eröffnung des Heimatmuseums
1923–25	Bau des Rathauses in Rosenberg
1927	Rosenberg erhält ein eigenes Wappen
1929	Bau des Mahnmals auf dem Rosenberger Schlossberg
1933	Gleichschaltung des Sulzbacher Stadtrats und Rosenberger Gemeinderats
1934	Zusammenschluss von Sulzbach und Rosenberg zur Doppelstadt
1934	Auflösung der jüdischen Synagoge
1935	Eingemeindung von Großalbershof und seiner Ortsteile
1935	Sulzbach-Rosenberg hat 10.500 Einwohner
1946	Wiederaufnahme der Produktion der Maxhütte
1947–51	Bau der Hugo-Geiger- und Franz-Fischer-Siedlung
1953/54	Krankenhaus-Neubau am Spittlberg (Spitalberg; jetzt Sankt-Anna-Krankenhaus)
1957/58	Bau und Weihe der evangelischen Christuskirche Auflösung des Sulzbacher Simultaneums
1972	Gebietsreform in Bayern: Sulzbach-Rosenberg wird Teil des Landkreises Amberg-Sulzbach
Ende 1975	Schließung der Druckerei Seidel
1977	Schließung der Grube Eichelberg als letztes der Sulzbacher Erzbergwerke
1977	Gründung des Literaturarchivs durch Walter Höllerer
1981	Eröffnung des Ersten Bayerischen Schulmuseums
1986–96	Eröffnung des Stadtmuseums im sanierten Landrichterhaus
1987	Erster Konkurs der Maxhüttte
1990	Ansiedlung der VII. Abteilung der Bayerischen Bereitschaftspolizei mit Beamten-Fachhochschule Gründung der Neuen Maxhütte
1998	Zweiter Konkurs der Maxhütte
1992–2001	Archäologische Grabungen mit bedeutenden (Gräber-)Funden im Zuge der Sanierung des Schlossareals
2002	Schließung der Maxhütte
2004	Wiedereröffnung des sanierten Rathauses
2007	Stadtarchiv im neu sanierten Egloffsteiner-Haus
2008	Fund der Bildergeschichte *Der Kuchenteig* von Wilhelm Busch

2013	Eröffnung der sanierten ehemaligen Synagoge als Erinnerungs- und Begegnungsstätte
2015	Eröffnung des Museums Alte Hofapotheke
2020/21	Erwerb des Anwesens Historische Druckerei Seidel durch die Stadt und Beschluss für Erwerb des Seidel-Archivs
2022	Sulzbach-Rosenberg hat 19.300 Einwohner

Bildnachweis

Bayerische Vermessungsverwaltung – www.geodaten.bayern.de: 158/159
Germanisches Nationalmuseum: 86 (HB27.152, Kapsel 1224)
https://commons.wikimedia.org: 79 (Nomygon, CC-BY-SA-4.0)
Mathias Hensch: 15, 16, 24
Patrizia Zimmermann: 13, 48, 88, 110, 113, 139
Reiss-Museum Mannheim, RMM 1966/2: 96
Simon Süß: 8
Stadt Sulzbach-Rosenberg, Kulturamt: 46
Stadtarchiv Amberg: 31 (StAAm, Plansammlung 58)
Stadtarchiv Sulzbach-Rosenberg: 20, 36, 50, 61, 89, 117, 122, 123, 129, 133
Stadtmuseum Sulzbach-Rosenberg: 68 (Inv. Nr. 581), 74 (Inv. Nr. 844), 84
    (Inv. Nr. 845), 92 (Inv. Nr. 8951.), 98 (Inv. Nr. 843), 102 (Inv. Nr. 847), 107
Stock.adobe.com: 43 (Arnim Schulz)
Ursula und Michael König: 141
Verlagsarchiv J. E. v. Seidel, Sulzbach-Rosenberg: 119

Umschlagmotive
vorne: Ansicht von Südwesten auf Sulzbach. – Aus dem Reisealbum des Pfalzgrafen Ottheinrich, 1536/37 (UB Würzburg, Delin.VI,1,5)
hinten: Schloss Sulzbach mit ehemaligem Kloster, im Vordergrund der Pulverturm, Teil der südwestlichen Stadtbefestigung (Foto: Simon Süß)

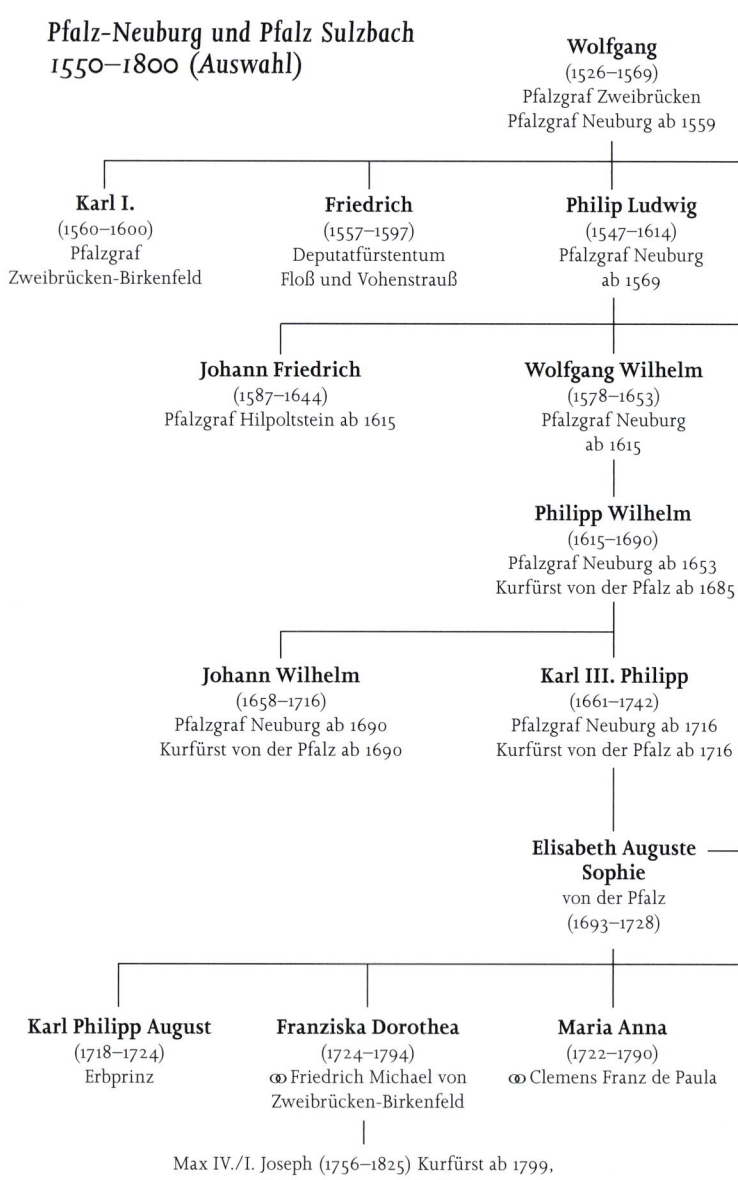

Pfalz-Neuburg und Pfalz Sulzbach 1550–1800 (Auswahl)

Wolfgang
(1526–1569)
Pfalzgraf Zweibrücken
Pfalzgraf Neuburg ab 1559

Karl I.
(1560–1600)
Pfalzgraf
Zweibrücken-Birkenfeld

Friedrich
(1557–1597)
Deputatfürstentum
Floß und Vohenstrauß

Philip Ludwig
(1547–1614)
Pfalzgraf Neuburg
ab 1569

Johann Friedrich
(1587–1644)
Pfalzgraf Hilpoltstein ab 1615

Wolfgang Wilhelm
(1578–1653)
Pfalzgraf Neuburg
ab 1615

Philipp Wilhelm
(1615–1690)
Pfalzgraf Neuburg ab 1653
Kurfürst von der Pfalz ab 1685

Johann Wilhelm
(1658–1716)
Pfalzgraf Neuburg ab 1690
Kurfürst von der Pfalz ab 1690

Karl III. Philipp
(1661–1742)
Pfalzgraf Neuburg ab 1716
Kurfürst von der Pfalz ab 1716

Elisabeth Auguste
Sophie
von der Pfalz
(1693–1728)

Karl Philipp August
(1718–1724)
Erbprinz

Franziska Dorothea
(1724–1794)
∞ Friedrich Michael von
Zweibrücken-Birkenfeld

Maria Anna
(1722–1790)
∞ Clemens Franz de Paula

Max IV./I. Joseph (1756–1825) Kurfürst ab 1799,
König von Bayern ab 1806

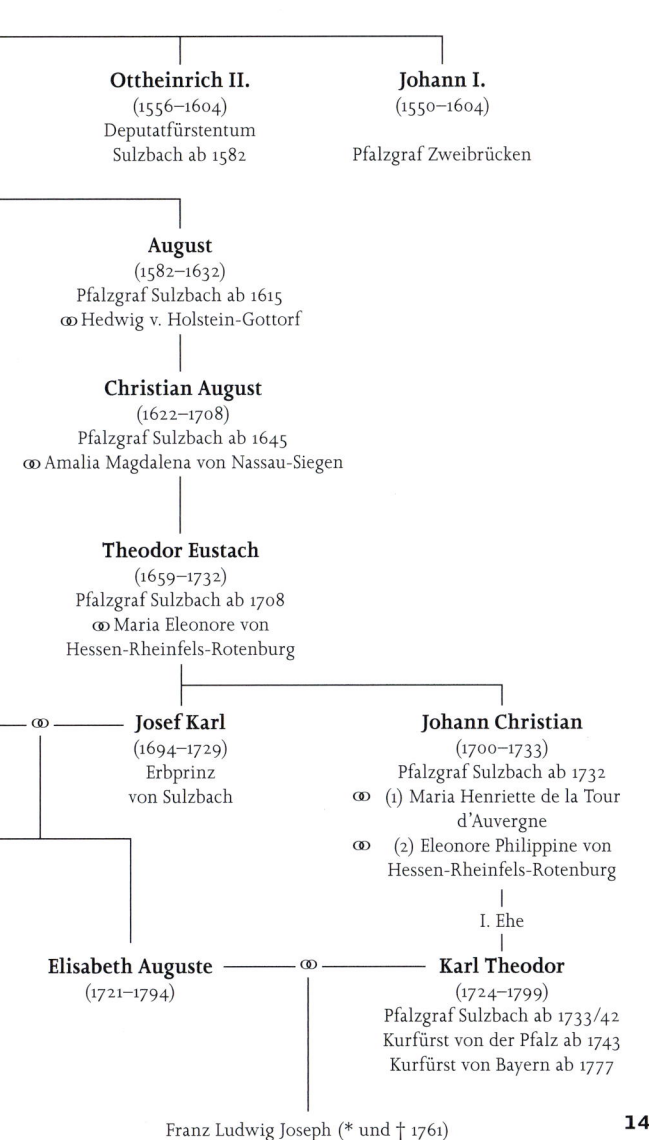

Ottheinrich II.
(1556–1604)
Deputatfürstentum
Sulzbach ab 1582

Johann I.
(1550–1604)

Pfalzgraf Zweibrücken

August
(1582–1632)
Pfalzgraf Sulzbach ab 1615
∞ Hedwig v. Holstein-Gottorf

Christian August
(1622–1708)
Pfalzgraf Sulzbach ab 1645
∞ Amalia Magdalena von Nassau-Siegen

Theodor Eustach
(1659–1732)
Pfalzgraf Sulzbach ab 1708
∞ Maria Eleonore von
Hessen-Rheinfels-Rotenburg

∞ **Josef Karl**
(1694–1729)
Erbprinz
von Sulzbach

Johann Christian
(1700–1733)
Pfalzgraf Sulzbach ab 1732
∞ (1) Maria Henriette de la Tour
d'Auvergne
∞ (2) Eleonore Philippine von
Hessen-Rheinfels-Rotenburg

I. Ehe

Elisabeth Auguste ———— ∞ ———— **Karl Theodor**
(1721–1794)

(1724–1799)
Pfalzgraf Sulzbach ab 1733/42
Kurfürst von der Pfalz ab 1743
Kurfürst von Bayern ab 1777

Franz Ludwig Joseph (* und † 1761)

Literaturverzeichnis (Auswahl)

Binder, Armin, Die Belagerung Sulzbachs im Landshuter Erbfolgekrieg 1504, in: Der Eisengau, Bd. 35, 2011, S. 6–37

Conrad, Mathias, Die Sulzbacher Stadtbefestigung im Spätmittelalter und der frühen Neuzeit, in: Der Eisengau, Bd. 35, 2011, S.93–128

Dendorfer, Jürgen, Adelige Gruppenbildung und Königsherrschaft – Die Grafen von Sulzbach und ihr Beziehungsgeflecht im 12. Jahrhundert, München 2004

Dendorfer, Jürgen, Die Grafen von Sulzbach, in: Kramer/Störmer (Hg.), Hochmittelalterliche Adelsfamilien in Altbayern, Franken und Schwaben, München 2005. S. 179–212

Eckert, Alfred (Hg.), Johannes Braun, Nordgauchronik, Hersbruck 1993

Finke, Manfred, Sulzbach im 17. Jahrhundert, Zur Kulturgeschichte einer süddeutschen Residenz, Regensburg 1998

Heinl, Rudolf, Sulzbach – an einem wasserreichen Ort gegründet: Quellen und Brunnen für die Wasserversorgung, in: 30. Bayerischer Nordgautag – Die Oberpfalz und ihre Nachbarn aus dem ehemaligen Nordgau, Sulzbach-Rosenberg, 1994, S. 158–161

Hensch, Mathias, Archäologische Erkenntnisse zur früh- und hochmittelalterlichen Befestigung Sulzbachs, in: Der Eisengau, Bd. 35, 2011, S.51–92

Hensch, Mathias, Der verlorene Hussenturm, Historisch-archäologische Betrachtungen zu einem bemerkenswerten Bauwerk der Burg Sulzbach/Opf., Büchenbach 2009

Jaitner, Klaus, Der Sulzbacher Musenhof in der europäischen Ideengeschichte, Kaufbeuren 2015

Lommer, Markus, Buchdruck im barocken Sulzbach, Handreichung zur 29. Tagung der Christian-Knorr-von Rosenroth-Gesellschaft am 5. und 6. Juli 2019

Lommer, Markus, Kirche und Geisteskultur in Sulzbach bis zur Einführung der Reformation, Regensburg 1998

Rall, Hans und Marga, Die Wittelsbacher in Lebensbildern, Graz/Wien/Köln 1986

Schnelbögl, Fritz (Hg.), Das »Böhmische Salbüchlein« Kaiser Karls IV. über die nördliche Oberpfalz 1366/68, München 1973

Schiener, Anna, Kleine Geschichte der Oberpfalz, Regensburg ³2021

Spindler, Max / Kraus, Andreas (Hg.), Geschichte der Oberpfalz und des bayerischen Reichskreises bis zum Ausgang des 18. Jh., in: Handbuch der bayerischen Geschichte, Bd. III/3, München ³1995

Steiner-Böhm, Evi, Geschichte der Stadt Sulzbach in den Jahren 1848–1900, Amberg 1994

Svoboda, Karl J., Prinzessinnen und Favoritinnen, Kurpfälzische Frauengestalten am Mannheimer Hof, Mannheim 1989

Todt, Klaus-Peter, Bertha-Eirene von Sulzbach, Eine Deutsche auf dem byzantinischen Kaiserthron, in: Jahrbuch Hellenika, 1988

Universitätsbibliothek Würzburg (Hg.), Reise, Rast und Augenblick, Mitteleuropäische Stadtansichten aus dem 16. Jahrhundert, Dettelbach 2002

Vogl, Elisabeth, Sulzbach-Rosenberg, Stadtgeschichte und Sehenswürdigkeiten, Regensburg ⁴2006

Weinberg, Magnus, Die hebräischen Druckereien in Sulzbach (1669–1851), Frankfurt a. M. 1903

Weinberg, Magnus, Geschichte der Juden in der Oberpfalz, V. Herzogtum Sulzbach, München 1927

Zimmermann, Edith, Das Weißbeckhaus in Sulzbach-Rosenberg, Frühlingstraße 1, Sulzbach-Rosenberg 1993

Schriftenreihe des Stadtmuseums und Stadtarchivs Sulzbach-Rosenberg (Auswahl)

Diese und weitere Titel der Schriftenreihe sind erhältlich im Stadtmuseum Sulzbach-Rosenberg.

450 Jahre Reformation im Fürstentum Sulzbach, Ausstellungskatalog, 1992 (Band 1)

Ein Haus mit Geschichte, Zur abgeschlossenen Sanierung des evangelischen Dekanatsgebäudes, 1998 (Band 10)

Schmid, Ines, Die Sulzbacher Halsgerichtsordnung aus der zweiten Hälfte des 16. Jahrhunderts, 1999 (Band 11)

Eisenerz und Morgenglanz, Geschichte der Stadt Sulzbach-Rosenberg in 2 Bänden, 1999 (Band 12)

Mayerhofer, Franz-Dietrich, Die Verfassung und Verwaltung der Stadt Sulzbach bis zum Ausgang des 16. Jahrhunderts, 2000 (Band 15)

750 Jahre Pfarrgemeinde St. Marien Sulzbach-Rosenberg, Ausstellungskatalog, 2002 (Band 16)

Rank, Adolf, Sulzbach im Zeichen der Gegenreformation (1627–1649), 2003 (Band 17)

»... eine wahrhafte Schmiede des Vulkan«, 150 Jahre Maxhütte, Begleitband zur Sonderausstellung, 2003 (Band 18)

Sulzbach und das Land zwischen Naab und Vils im frühen Mittelalter, Tagung vom 13.–14. Juni 2002 in Sulzbach-Rosenberg, 2003 (Band 19)

Das Rathaus von Sulzbach-Rosenberg, Festschrift zur Wiedereröffnung nach Beendigung der Sanierung, 2004 (Band 20)

Piegsa, Bernhard, Aufbruch zwischen Schloß und Hüttenwerk, Sulzbach-Rosenberg von der »Weimarer Republik« zum »Wirtschaftswunder«, 2005 (Band 21)

»Die Mitten im Winter grünende Pfaltz«, 350 Jahre Wittelsbacher Fürstentum Pfalz-Sulzbach, Begleitband zur Sonderausstellung, 2006 (Band 22)

Johann Esaias von Seidel, Zum 250. Geburtstag eines bayerischen Verlegers, 2008 (Band 23)

Das Neustadt-Viertel, Festschrift zur Sanierung der Sulzbacher »Neustadt«, 2010 (Band 25)

Freiherr von Bettscharts Beschreibung des Sulzbacher Landgerichts – eine spätbarocke Prachthandschrift von 1783, 2010 (Band 27)

Ehemalige Synagoge Sulzbach, Festschrift zur Eröffnung am 31. Januar 2013 (Band 30)

Rank, Adolf, Straßen, Plätze und Wege in Sulzbach-Rosenberg, Ein Spaziergang durch die Stadtgeschichte, 2020 (Band 32)

Hensch, Mathias, Sulzbach und Gerberga, Archäologisch-historische Indizienketten, 2021 (Band 33)

Register

Personenregister

Angegeben sind jeweils die Lebensdaten der Personen. Aufgrund unterschiedlicher Daten in der verwendeten Literatur war eine exakte zeitliche Einordnung oftmals nicht möglich.

Elisabeth von Sulzbach (gest. 1206),
Gräfin 28
Elisabeth Auguste von Pfalz-Sulzbach
(1721–1794), Kurfürstin 94–97, 101
Elisabeth Auguste Sophie von der Pfalz
(1693–1728) 92, 94
Elisabeth Charlotte von der Pfalz (1652–
1722), Herzogin von Orléans 91
Erlbeck, Wolf d. Jüngere (gest. 1583),
Burg- und Hofmarksherr 66
Ernst (gest. 865), Graf auf dem Nord-
gau 13–15, 22
Eß, Johann Heinrich (Ordensname Le-
ander) van (1772–1847), Bibeltheo-
loge und -übersetzer 120
Franck, Julia (geb. 1970), Autorin 140
Fränkel, Aaron ben Uri Lipmann (um
1645–1720), Drucker 112
Franz Josef I. (1830–1916), Kaiser von
Österreich 103
Franziska Dorothea von Pfalz-Sulzbach
(1724–1794), Pfalzgräfin 94, 100–
103, 118
Freudenberg, Hans von (1553–1608),
Landrichter 138
Friedrich (gest. 1102), Graf von Habs-
berg 19–20
Friedrich I. Barbarossa (um 1122–1190),
Kaiser 24, 26, 28
Friedrich II. (1194–1250), Kaiser 33
Friedrich II. (1712–1786), König von
Preußen 96
Friedrich II. (1482–1556), Kurfürst von
der Pfalz 51, 55
Friedrich III. (1597–1659), Herzog von
Holstein-Gottorf 72
Friedrich III. (1415–1493), Kaiser 47
Friedrich IV. (gest. 1148), Domvogt
von Regensburg 21
Friedrich V. (1594–1659), Markgraf von
Baden-Durlach 72
Friedrich Michael (1724–1767), Pfalz-
graf von Zweibrücken-Birkenfeld
100–101
Gack, Georg Christoph, Dr., (1793–
1867), Stadtprediger, Chronist 116
Gallwitz, Johann Georg (gest. 1738),
Drucker 81
Garibald I. (gest. um 593), Herzog von
Bayern 9
Gaßner, Johann Josef (1727–1779),
Geistlicher 103, 118
Gebhard (gest. um 879), Graf im
Lahngau 13

Gebhard I. (belegt um 1043/71), Graf
von Sulzbach 18–19
Gebhard II. (gest. 1188), Graf von Sulz-
bach 21, 23–26, 27–29
Gebhard VII. (gest. 1305), Graf von
Sulzbach-Hirschberg 29
Georg der Reiche (1455–1503), Herzog
von Niederbayern 47
Gerberga (um 975/80–nach 1036),
Gräfin 14
Gerhard I. (gest. vor 1180), Graf von
Grögling-Hirschberg 28
Gertrud von Sulzbach (gest. 1146), Kö-
nigin 23
Gian Gastone de Medici (1671–1737),
Großherzog der Toskana 82
Grass, Günter (1927–2015), Autor 140
Grimm, Jakob (1785–1863), Sprach-
und Literaturwissenschaftler 83
Gsaenger, Gustav (1900–1989), Archi-
tekt 136
Gustav II. Adolf (1594–1632), König
von Schweden 70
Häusler, Johann (1877–1953), Bürger-
meister 131
Hedwig von Holstein-Gottorf (1603–
1657), Pfalzgräfin 69, 72, 73
Hedwig von Polen (1457–1502), Herzo-
gin, 47
Heinrich (gest. 1194), Graf von Alten-
dorf 27
Heinrich (vor 980–1017), Graf von
Schweinfurt 14, 17–18
Heinrich IV./II. (973–1024), Herzog
von Bayern und Kaiser 16–18
Heinrich IV. (1050–1106), Kaiser 22
Heinrich V. (um 1086–1125), Kaiser 23
Heinrich IX. der Schwarze
(um 1074/75–1126), Herzog von
Bayern 23
Helmont, Franciscus Mercurius van
(1614–1697), flämischer Universal-
gelehrter 73–75, 78, 82, 119
Helmont, Jan Baptist van (1579/80–
1644), flämischer Universalgelehr-
ter, Arzt 73, 80
Hirschbeck, Paul, Dr. (1509–1545),
Stadtpfarrer 52
Holst, Johann (1648–1726), Drucker 81
Höllerer, Walter (1922–2003), Autor
139, 142
Hößler, Elias (1663–1746), Orgelbauer
86–87

154

Ortsregister (allgemein)

Ortsregister (Sulzbach-Rosenberg)

Ortskern Sulzbach

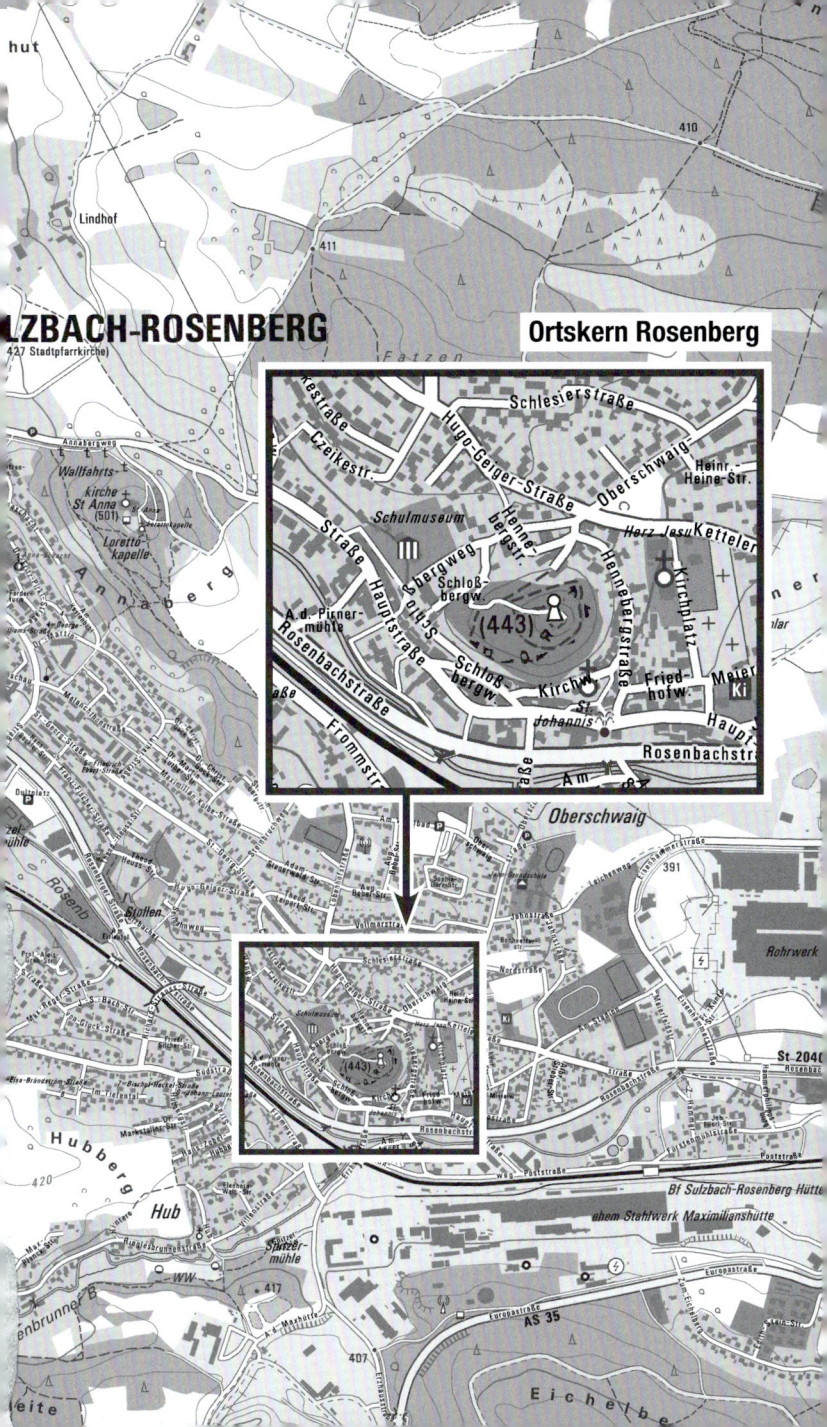